중국어
레토릭

중국어 레토릭

陈坤

习近平

胡锦涛

雷军

马云

周杰伦

중국명사들의 설득 전략을 분석하다

CHINESE RHETORIC

| 나민구 지음 |

HUEBOOKs

머리말

레토릭(rhetoric)을 우리말로 번역하면 수사학(修辭學)이다. 이 한자어를 풀이하면 '말을 닦는 학문'이다. 일반적으로 청중의 설득을 목적으로 하기에 고대 서양 수사학자들에 의하면 '설득을 효과적으로 전개하는 기술에 관한 학문'이다. 수사학은 동양과 서양에서 동시에 발아하여 지금까지 평행하게 각자도생(各自圖生)하며 발전했다. 오늘날 아직도 수사학이 미사여구를 활용하여 진심을 숨기고 대중을 선동하는 도구라는 인식이 완전히 지워지진 않았다. 사실 고대 그리스의 플라톤(Platon B.C. 428-348)이 진작 이 문제를 제기했던 만큼 진리와 정의를 추구해야 하는 학문적 가치로서의 수사학 윤리문제가 늘 숙제로 이어져 왔다. 그런데도 수사학은 우리 시대에 필수불가결한 삶의 방법론이자 매일 펼쳐지는 일상의 무늬이다. 그 어떤 생각과 말도 이 수사학의 영역과 장치를 피해 가지 못하기 때문이다. 무엇이든지 표현하고 전달하며 살아가는 모든 움직임 그 자체가 바로 수사학이다. 중국어 레토릭은 바로 중국어라는 언어로 표현하여 전달하는 수사학이다. 본서는 서양수사학의 방법론을 적용하여 명사들의 중국어 연설문을 분석하였다.

국가와 국가 간의 교류와 소통에는 그 정세에 맞는 시의적절한 내용을 공문서와 담화문을 통해 교환한다. 특히 국가 최고지도자의 연설문에는 매우 중요한 메시지와 그 행간에 담아있는 함의들을 동시에 공표하기 마련이다. 올해처럼 북핵 문제 해결을 위한 당사자인 한국과 북한 그리고 강대국 미국, 중국, 일본, 러시아의 최고지도자 담화문이 시시각각 발표되는 예는 근년에 찾아보기 힘들 정도이다. 그만큼 제기된 문제가 중차대하고 그에 따른 국제정세가 한 치 앞을 예측하기 힘들 정도로 급박하게 돌아가기 때문이다. 그런 의미에서 지금의 시진핑 중국국가주석의 공식적인 연설문은 중요한 메시지를 담고 있으며 그 영향력 또한 크다. 또한, 중국의 기업인과 예술인의 연설분석을 통해 경제의 흐름과 문화의 동향을 파악하고 예측할 수 있는 근거를 찾아낼 수 있다. 이러한 중국 명사들의 연설에 대한 수사학적 탐구 모델이 현대중국을 더욱 명확히 이해하고 대처하는 시의적절한 지침과 역할이 되길 바란다.

이문동에서 나민구

목차

I
수사학이란?

1. 수사학의 기원 및 정의

2. 수사학의 체계

I. 수사학이란?

1. 수사학의 기원 및 정의

서양에서 수사학(rhétorique: 프랑스어)이란 용어는 '변론적(oratoire: 프랑스어)'이라는 의미의 형용사였다. 서양 최초의 수사학 교과서 저자라고 할 수 있는 코락스(Corax B.C. 5세기)가 사용한 그리스 용어 'Technè rhétorikè'(수사기술)를 아리스토텔레스(Aristoteles B.C. 384-322)는 간단히 줄여 'rhétorikè'라고 사용하였다. 퀸틸리아누스(Quintilianus B.C. 35-95)는 'bene dicendi scientia: 라틴어'(말을 잘 하는 학문'이라고 했으며 20세기 프랑스어 사전 *Le Petit Robert*에도 'art de bien parler'(말 잘하는 기술)이라고 정의했다.

한편, 아리스토텔레스는 "수사학은 모든 주어진 것에서 설득적인 것을 사변적으로 발견하는 능력"이라고 했는데 이것은 수사학이 "각각의 특정한 상황에서 유용한 설득의 수단들을 찾는 능력"을 의미한다. 로마시대의 뛰어난 정치가, 사상가이면서 연설가인 키케로(Ciero B.C. 106-43)는 "재주의 규칙들에 의거한 말솜씨"라고 정의했다. 또 고대 서양수사학을 완성한 퀸틸리아누스에 따르면 수사학은 "훌륭한 곧 효과적이고 아름다운 말에 관한 재주와 학문"이다.

중국의 문헌에서 '修辭'란 개념이 제일 먼저 나타난 것은 先秦시대(-B.C 206)의 『易經』으로 "修辭立其誠"(수사는 정성에 의해 다듬어진다)이란 문장이 나온다. 아직 '수사'란 개념이 정립되지 않은 당시에 이미 말은 꾸준한 조탁과 성실함에 의해 완성된다는 수사적 기초 사상을 읽을 수 있다. 梁代(502-557)의 『文心雕龍』「情採」편에서 "言以文遠"(언어는 수식을 통해 멀리 전달된다.)라는 수사적 개념을 알 수 있다. 즉 여기서 '文'은 '수식하다'라는 뜻으로 쓰였으므로 말이 잘 전달되려면 장식과 기술이 필요하다는 전제가 함의되어 있다.

문헌상의 해석을 두루 종합해보면 '修'는 '수식하다', '辭'는 '말'이란 뜻이므로 修辭란 '말을 수식하다, 닦는다.'라는 의미가 된다. 언어학적 해석을 가미하면 수사학이란 '언어형식을 선택하여 표현효과를 높이는 행위를 연구하는 학문'을 지칭한다. 중국현대수사학의 아버지 陳望道는 『修辭學發凡』(1932)에서 "수사는 언어를 조정하여 의미와 감정의 전달이 적절하도록 하는 노력"이라고 정의했다. 중국에서의 수사란 결국 '말하는 사람의 의도를 잘 전달하기 위하여 적절한 언어형식을 선택하여 표현효과를 높이는 활동'이며 수사학이란 '이러한 수사적 활동을 연구하는 학문'이다.

2. 수사학의 체계

수사학은 연설문을 생성하는 기법을 알려주기에 연설가뿐만 아니라, 작가 좁게는 단순한 글쓰기를 하는 사람 등, 특히 설득의 효과를 염두에 둔 사람 모두가 이용하는 이론이다. 연설가가 지녀야 할 능력으로 착상(inventio), 배열(dispositio), 표현(elocutio), 기억(memoria), 그리고 발표(pronuntiatio)를 들고 있다. 이러한 다섯 가지 영역은 본고가 채택한 중국어 연설문을 분석하는 틀을 제공하고 있다.

연설은 듣는 청중에 따라 보통 세 종류로 나눌 수 있다. 옳고 그름의 판단을 내리는 청중이 재판관과 배심원일 때에는 법정연설, 일반 대중을 향하여 미래의 일에 대한 주장이나 권유는 정치연설 그리고 현재 즐거움이나 슬픔을 공유하는 자리에서 하는 식장연설 등이다.

2.1. 착상(inventio)

착상이란 논증할 것을 발견하는 영역이다. 그래서 '논거발견술'이라고 한다. 연설하고자 하는 주제에 대한 근거를 논거들의 저장소인 '토포스'(topos; 우리말로는 '말터')에서 찾아낸다. 키케로는 『생각의 수사학』에서 수사학적 능력 중에 착상은 "자기가 설득하길 바라는 사람에게서 신뢰를 획득하는 방법과 그 사람의 감정을 자극하는 방법을 찾아 내는 것"이라고 설명한다. 즉, 수사적 논증의 전제는 개연성이므로 '참일 것 같은 일'에서 자기주장의 타당성을 끌어낸다. 아리스토텔레스에 따르면 수사적 논증은 생략삼단논법(Entymema)과 예증법(Paradeigma)을 말한다. 설득의 효과를 극대화하는 가장 확실한 방법은 자신의 주장을 뒷받침하는 근거를 말터에서 찾아 제시함으로써 입증하는 것이다. 말터는 두 종류이다. 기술적인 요소가 필요한 내부 말터(기술적 증거)와 기술적인 요소가 필요하지 않은 외부 말터(기술외적 증거)이다.

한편, 아리스토텔레스는 설득의 3요소(ethos, logos, pathos)를 제기하였다. 논거들을 토대로 논증을 구성하는 방법이 로고스(logos)이다. 로고스는 근거를 토대로 논리적으로 설득하는 방법이다. 또 연설할 때 연설가가 상대를 설득하기 위해 말로써 자신의 인품을 드러내는 것이 에토스(ethos)이다. 에토스는 연설의 도입단계에서 연설자가 자신을 믿을 만한 사람으로 생각하게 하는 것이다. 파토스(pathos)는 청중의 감동을 끌어내어 연설가의 말에 빠져들도록 마음의 변화를 일으키게 하는 방법이다. 파토스는 정념, 정서, 감정 등으로 번역되는 설득방법을 말한다. 연설가가 파토스를 사용할 때 연설가의 감정이나 상태에 빠져들면서 청중의 감정에 변화가 일어난다. 특히 법정공방에서 차가운 이성적 사고에 따뜻하고 연민을 불러 올 수 있는 감정을 적절하게 투영시켜 배심원의 마음을 부추기는 것이다.

2.2. 배열(dispositio)

착상에서 연설을 형성하는 데 필요한 논거와 내용들을 어디에 놓을지 배열하는 것이다. 『생각의 수사학』에서 키케로가 알려주는 법정연설 배열방법은 기소인(검사, 원고)과 피고(피고인)에 따라 다르게 나온다. 다음은 기소인의 배열방식이다.

[서론] 재판관의 호감을 산다.

[예비본론] 재판관에게 불쾌감을 주거나 자신에게 불리한 내용을 줄이

거나 생략하고 이로운 내용을 말한다.

[핵심본론] 상대방 논거들이 힘을 크게 쓰지 못하도록 하고 자신의 주장을 논리적으로 증명한다.

[결론] 자신에 대한 동정심을 일으킨다.

서론은 도입으로 〈들머리〉, 예비본론은 기소인과 피고의 설명으로 이루어지는 〈얼거리〉, 핵심본론은 증인들을 동원하여 심문하는 〈벼리〉(=밝히기) 그리고 결론을 〈마무리〉라고 한다.

2.2.1. 들머리(principium)

들머리는 청중의 호감을 사고 관심을 끌며 이해를 도와서 청중이 끝까지 이야기(주장)를 듣고 싶어 하는 마음이 들도록 연설가가 연설을 시작하는 부분이다. 말하는 내용이 흥미를 끌어 청중이 집중하기도 하지만 듣는 데에 지루해하기도 한다. 이 때 청중에게 요점만 말하겠다고 약속하는 등으로 관심을 끄는 방법이 있다.

2.2.2. 얼거리(narratio)

과거나 미래의 일을 설명하여 핵심본론에 들어가기 전에 사안의 전체를 알려주는 역할을 한다. 연설가는 정확한 내용을 간결하고 명확하게 전달해야 한다. 〈얼거리〉에서는 청중이 기억하기 쉽게 간결해야 하며 이해하기 쉽도록 명확하게, 신뢰할 수 있는 내용으로 엮어져야 청중이 나머지 이야기에 집중할 수 있다. 피고와 원고는 각자 죄의 유무를 알리고 법적 책임을 져야 할 일이 어떻게 일어났으며 어떤 결과를 낳았는지에 관한 사항들을 간결하고 정확하게 전달해야 한다.

2.2.3. 벼리(argumentatio)

키케로는 벼리(= 밝히기)를 신뢰획득과 논증으로 나누어 설명하는데 신뢰획득에 필요한 논거를 찾아서 그 논거를 나열해야 하는 부분이다. 연설가가 자기주장의 신빙성을 얻고 주장을 관철하는데 필요한 요인들, 특히 증인, 문서, 증언 등을 펼쳐내는 부분이다. 주장하는 바를 입증하는 과정이며 이곳에서 아리스토텔레스의 로고스가 가장 효과적으로 작용한다. 따라서 이성적이고 논리적인 방법으로 논증하여 주장을 관철해나가는 핵심내용을 담아야 한다. 대전제·소전제·결론으로 전개되는 삼단논법과 대전제·결론으로 이어지는 생략삼단논법이 유용하게 사용된다.

2.2.4. 마무리(peroratio)

이야기를 구성하는 마지막 부분으로 가장 중요하게 다룰 내용은 '요약'이다. 그리고 최대 청중의 감정을 마지막으로 부추기면서 연설을 마친다.

2.3. 표현(elocutio)

고대수사학에 따르면 연설을 생산하는 데 다섯 가지 분리된 단계 중 표현은 세 번째에 해당하며 설득에 효과를 주기 위해 다양하게 사용된다. 이를 수사적 표현 문체(style)라고도 한다. 장식성 원칙은 가장 효과적인 문체원칙이다. 청중은 장식적 표현에 매력을 느껴 즐겨 들으려 한다. 바로 그런 청중이 연설에 주의를 더 잘 기울이며, 연설 내용에 믿을 준비가 더 잘 되어 있기 때문이다. 또한 장식성 원칙은 "모든 수사적 일탈을 정당화" 한다.

아리스토텔레스는 표현의 원칙으로 장식성과 함께 정확성과 명확성 그리고 적절성을 들고 있다. 설득을 위해 "논거를 훌륭하게 소개하는 데 문체가 필요"하며 담론에 맞게 사용하여 그 특징을 살릴 수 있다. 문체의 정확성은 문법에 맞게 표현을 정확히 하는 것을 뜻한다. 명확성이란 "연설의 의미를 분명하게 제시하는 것"을 말한다. 적절성이란 표현이 "마음과 품성을 잘 나타내고 주제를 이루는 대상들과 잘 어울리는 경우"를 말한다. 수사학의 표현법 중 법정연설에서 가장 많이 사용되는 문체가 '수사적 의문문(설의법(Interrogatio))'이다. 그 외에 다양한 수사법이 발달되어 왔다.

2.4. 암기 (memoria)

암기란 발견한 아이디어를 배열하고 표현을 통하여 정리한 다음 머릿속에 확고하게 붙잡아 두는 재주이다. 이 기술은 자연적인 암기력을 보완하는 '인위적 암기력'을 창출하는 데 주안점을 주게 된다. 보통 암기력을 돕는 장치로써 암기할 내용에 대해 '장소'를 나열하여 떠올리게 하거나 '이미지화'하여 오버랩을 통해 그 이미지에서 내용을 끄집어낸다.

2.5. 발표(actio)

발표는 "연설의 실행"이다. 그러므로 "육체의 말솜씨"로 불리는 발표는 장소와 상황에 따른 언어사용 방법이다. 격렬한 자리에서의 날카로운 목소리, 조용한 자리에서의 가라앉은 목소리, 감동적인 자리에서의 깊숙한 목소리의 세 가지가 구별되고 있다. 고대수사학에서 발표는 연기술이라고 하는데, 연기술은 구체적으로 실행되는 말의 표현방식과 관련된 수사적 기술이며 목소리와 그에 맞춰 실행하는 몸짓으로 나누어진다.

연기술은 목소리의 음량과 어조 및 리듬의 세 차원으로 구성되어 있다. 목소리에는 안정성과 유동성이 있어야 한다. 처음 시작하는 들머리에서 목소리는 낮은 톤으로 하고 숨은 될 수 있으면 길게 쉬도록 한다. 유동성은 세 가지 톤으로 나타나는데, 이완의 효과를 위해서는 일상 연설과 관련 있는 대화톤, 활력이 넘쳐 증명과 반박에 적합한 논쟁톤, 청중을 분노하게 하거나 연민을 불러일으키는 데 적합한 증폭톤 등 세 가지의 톤이 있다. 연설가는 담고 있는 내용을 청중에게 효과적이고 설득력 있게 전달할 목적을 위한 다양한 소리와 몸짓을 표출하여야 한다. 이후 연설을 할 때 모든 신체적 언어표현이 세분되어 배우의 표현법으로 발전하였다.

II
정치인의 연설

1. 시진핑 (习近平) - 모스크바 국제관계대학 연설(2013)

2. 후진타오(胡锦涛) - 신년 연설(2012)

1. 시진핑(习近平)
– 모스크바 국제관계대학 연설(2013)

시진핑은 중화인민공화국의 국가주석이다. 본 연설은 그가 2013년 3월 23일 모스크바 국제관계대학을 방문해 진행한 것이다. 시진핑은 연설에서 중·러 관계의 평화를 강조하였으며, 특히 중·러 관계의 진전이 세계 평화에 긍정적인 영향을 미친다고 주장하였다. 시진핑이 어떤 방법으로 청중을 효과적으로 설득하였는지 수사학적 관점에서 분석하였다.

주제

우리가 이루고자 하는 '중국의 꿈'은 중국 인민뿐만 아니라 각국의 국민에게도 행복을 가져다 줄 것이다. (我们要实现的中国梦, 不仅造福中国人民, 而且造福各国人民。)

연설문 원문

顺应时代前进潮流　促进世界和平发展

—在莫斯科国际关系学院的演讲(2013年3月23日，莫斯科)

[1]尊敬的托尔库诺夫院长，尊敬的戈洛杰茨副总理，老师们，同学们！今天，有机会来到美丽的莫斯科国际关系学院，同各位老师、同学见面，感到十分高兴。莫斯科国际关系学院是享誉世界的知名学府，名师荟萃，英才辈出，我对贵院在各领域取得的优异成绩，表示热烈的祝贺！

[2]俄罗斯是中国的友好邻邦。这次访问俄罗斯，是我担任中国国家主席后第一次出访，是这次出访的第一站，也是时隔3年再次来到你们美丽富饶的国家。昨天，我同普京总统举行了富有成果的会谈，并共同出席了俄罗斯中国旅游年开幕式。

[3]早春3月，意味着一个新的万物复苏季节的到来，意味着一个新的播种的时刻的到来。常言道，一年之计在于春。中俄双方把握这美好的早春时节，为两国关系和世界和平与发展辛勤耕耘，必将收获新的成果，造福我们两国和两国人民。

[4]老师们、同学们！国际关系学院是专门从事国际问题研究和教学的高等学府，相信你们对国际形势更加关注，更能感受到过去几十年国际社会沧海桑田般的巨大变化。我们所处的是一个风云变幻的时代，面对的是一个日新月异的世

界。

[5]这个世界，和平、发展、合作、共赢成为时代的潮流，旧的殖民体系土崩瓦解，冷战时期的集团对抗不复存在，任何国家或国家集团都再也无法单独主宰世界事务。

[6]这个世界，一大批新兴市场国家和发展中国家走上发展的快车道，十几亿、几十亿人口正在加速走向现代化，工业化，多个发展中心在世界各地区逐渐形成，国际力量对比继续朝着有利于世界和平与发展的方向发展。

[7]这个世界，各国相互联系、相互依存的程度空前加深，人类生活在同一个地球村里，生活在历史和现实交汇的同一个时空里，越来越成为你中有我、我中有你的命运共同体。

[8]这个世界，人类依然面临诸多难题和挑战，国际金融危机深层次影响继续显现，形形色色的保护主义明显升温，地区热点此起彼伏，霸权主义、强权政治和新干涉主义有所上升，军备竞赛、恐怖主义、网络安全等传统的安全威胁和非传统安全威胁相互交织，维护世界和平、促进共同发展依然是任重道远。

[9]我们希望世界变得更加美好，我们也有理由相信，世界会变得更加美好。同时，我们也清楚地知道，前途是光明的，道路是曲折的。车尔尼雪夫斯基曾经写到："历史的道路不是涅瓦大街上的人行道，它完全是在田野中前进的，有时穿过尘埃，有时穿过泥泞，有时横渡沼泽，有时行经丛林。"人类社会发展的历史证明，无论会遇到什么样的曲折，历史都总是按照自己的规律向前发展，没有任何力量能够阻挡历史前进的车轮。

[10]世界潮流，浩浩荡荡，顺之则昌，逆之则亡。要跟上时代前进步伐，就不能身体已进入21世纪，而脑袋还停留在过去，停留在殖民扩张的旧时代里，停留在冷战思维、零和博弈的框架里。

[11]我们面对国际形势的深刻变化和世界各国同舟共济的客观要求，各国应该共同推动建立以合作共赢为核心的新型国际关系，各国人民应该一起来维护世界和平、促进共同发展。

[12]我们主张，各国和各国人民应该共同享受尊严。要坚持国家不分大小、强弱、贫富一律平等，尊重各国人民自主选择发展道路的权利，反对干涉别国内政，维护国际公平正义。“鞋子合不合脚，自己穿着才知道”。一个国家的发展道路合不合适，只有这个国家的人民才最有发言权。

[13]我们主张，各国和各国人民应该共同享受发展成果。每个国家在谋求自身发展的同时，要积极促进其他各国共同发展。世界长期发展不可能建立在一批国家越来越富裕而另一批国家却长期贫穷。只有各国共同发展了，世界才能更好发展。那种以邻为壑的做法既不道德，也难以持久。

[14]我们主张，各国和各国人民应该共同享受安全保障。各国要同心协力，妥善应对各种问题和挑战。越是面临全球性挑战，越要合作应对，共同变压力为动力、化危机为生机。面对错综复杂的国际安全威胁，单打独斗不行，迷信武力更不行，合作安全、集体安全、共同安全才是解决问题的正确的选择。

[15]随着世界多极化、经济全球化深入发展和文化多样化、

社会信息化持续推进，今天的人类比以往任何时候都更有条件朝和平与发展的目标迈进，而合作共赢就是实现这一目标的现实途径。

[16]世界的命运必须由各国人民共同掌握。各国主权范围内的事情只能由本国政府和人民去管，世界上的事情只能由各国政府和人民共同商量来办。这是处理国际事务的民主原则，国际社会应该共同遵守。

[17]老师们、同学们！去年１１月，中国共产党召开了第十八次全国代表大会，明确了今后一个时期中国的发展蓝图，提出到２０２０年国内生产总值和城乡居民人均收入将在２０１０年的基础上翻一番，在中国共产党建党１００年时全面建成小康社会，在新中国成立１００年时建成富强民主文明和谐的社会主义现代化国家。同时，我们也清醒地认识到，作为拥有１３亿多人口的发展中大国，中国在发展道路上面临的风险和挑战依然会很大、很严峻，要实现已确定的奋斗目标必须付出持续的艰辛的努力。

[18]实现中华民族伟大复兴，是近代以来中国人民最伟大的梦想，我们称之为“中国梦”，基本内涵是实现国家富强、民族振兴、人民幸福。中华民族历来爱好和平。近代以来，中国人民蒙受了外国侵略和内部战乱的百年苦难，深知和平的宝贵，最需要在和平环境中进行国家建设，以不断改善人民生活。中国将坚定不移的走和平发展道路，致力于促进开放的发展、合作的发展、共赢的发展，同时呼吁各国共同走和平发展道路。中国始终奉行防御性的国防政策，不搞军备竞赛，不对任何国家构成军事威胁。中国发展壮大，带给世

界的是更多机遇而不是什么威胁。我们要实现的中国梦，不仅造福中国人民，而且造福各国人民。

[19]我们高兴地看到，中俄两国互为最大邻国，在国家发展蓝图上有很多契合之处。俄罗斯提出到２０２０年人均国内生产总值将达到或接近发达国家水平的目标，现在正在强国富民的道路上加快前进。我们衷心祝愿俄罗斯早日实现自己的奋斗目标。一个繁荣强大的俄罗斯，符合中国利益，也有利于亚太与世界和平稳定。

[20]中俄关系是世界上最重要的一组双边关系，更是最好的一组大国关系。一个高水平、强有力的中俄关系，不仅符合中俄双方利益，也是维护国际战略平衡和世界和平稳定的重要保障。经过双方２０多年不懈努力，中俄建立起全面战略协作伙伴关系，这种关系充分照顾对方利益和关切，给两国人民带来了实实在在的好处。我们两国彻底解决了历史遗留的边界问题，签署了《中俄睦邻友好合作条约》，为中俄关系长远发展奠定了坚实基础。

[21]当前，中俄都处在民族复兴的重要时期，两国关系已进入互相提供重要发展机遇、互为主要优先合作伙伴的新阶段。对发展新形势下的中俄关系，我认为应该在以下几个方面多下功夫。

[22]第一，坚定不移发展面向未来的关系。中俄世代友好、永不为敌，是两国人民共同心愿。我们双方要登高望远，统筹谋划两国关系发展。普京总统讲过：“俄罗斯需要一个繁荣稳定的中国，中国也需要一个强大成功的俄罗斯。”我完全同意他的看法。我们两国共同发展，将给中俄全面战略协

作伙伴关系提供更广阔发展空间，将为国际秩序和国际体系朝着公正合理的方向发展提供正能量。我们两国要永做好邻居、好朋友、好伙伴，以实际行动坚定支持对方维护本国核心利益，坚定支持对方发展复兴，坚定支持对方走符合本国国情的发展道路，坚定支持对方办好自己的事情。

[23]第二，坚定不移发展合作共赢的关系。中俄国情不同、条件各异，彼此密切合作、取长补短可以起到一加一大于二的效果。去年，中俄贸易额达到８８２亿美元，人员交流达到３３０万人次，这些数字充分反映出中俄关系的巨大发展潜力和广阔发展前景。中俄两国的能源合作不断深化。继１７世纪的“万里茶道”之后，中俄油气管道成为联通两国新的“世纪动脉”。当前，我们两国正积极推动各自国家和地区发展战略相互对接，不断创造出更多利益契合点和合作增长点。我们要推动两国合作从能源资源向投资、基础设施建设、高技术、金融等领域拓展，从商品进出口向联合研发、联合生产转变，不断提高两国务实合作层次和水平。

[24]第三，坚定不移发展两国人民友好关系。国之交在于民相亲。人民的深厚友谊是国家关系发展的力量源泉。这里，我想讲几个两国人民相互支持和帮助的事例。抗日战争时期，苏联飞行大队长库里申科来华同中国人民并肩作战，他动情地说：“我像体验我的祖国的灾难一样，体验着中国劳动人民正在遭受的灾难。”他英勇牺牲在中国大地上。中国人民没有忘记这位英雄，一对普通的中国母子已为他守陵半个多世纪。２００４年俄罗斯发生别斯兰人质事件后，中国邀请部分受伤儿童赴华接受康复治疗，这些孩子在中国受到

精心照料，俄方带队医生阿兰表示：“你们的医生给孩子们这么大的帮助，我们的孩子会永远记住你们的。”２００８年中国汶川特大地震发生后，俄罗斯在第一时间向中国伸出援手，并邀请灾区孩子到俄罗斯远东等地疗养。３年前，我在符拉迪沃斯托克“海洋”全俄儿童中心，亲眼目睹了俄罗斯老师给予中国儿童的悉心照料和温馨关怀。中国孩子亲身体会到了俄罗斯人民的友爱和善良，这应验了大爱无疆这句中国人常说的话。这样的感人事迹还有很多，滋润着两国人民友谊之树枝繁叶茂。

[25]中俄两国都具有悠久的历史、灿烂的文化，人文交流对增进两国人民友谊具有不可替代的作用。孔子、老子等中国古代思想家为俄罗斯人民所熟悉。中国老一辈革命家深受俄罗斯文化影响，我们这一代人也读了很多俄罗斯文学的经典作品。我年轻时就读过普希金、莱蒙托夫、屠格涅夫、陀思妥耶夫斯基、托尔斯泰、契诃夫等文学巨匠的作品，让我感受到俄罗斯文学的魅力。中俄两国文化交流有着深厚基础。青年是国家的未来，是世界的未来，也是中俄友好事业的未来。这次访俄期间，我和普京总统共同宣布，两国将于２０１４年和２０１５年互办中俄青年友好交流年。中方还将邀请包括莫斯科国际关系学院学生在内的俄罗斯大学生代表团访华。在座各位同学是俄罗斯青年一代的精英。我期待着越来越多的中俄青年接过中俄友谊的接力棒，积极投身两国人民友好的事业。

[26]老师们、同学们！俄罗斯有句谚语：“大船必能远航。”中国有句古诗：“长风破浪会有时，直挂云帆济沧

海。”我相信，在两国政府和人民共同努力下，中俄关系一定能够继续乘风破浪、扬帆远航，更好造福两国人民，更好促进世界和平与发展！

谢谢大家！

번역문

전진하는 시대의 흐름에 대한 순응, 세계 평화 발전 촉진

- 모스크바 국제관계대학 연설(2013년 3월 23일, 모스크바)

[1]존경하는 토르쿠노프 총장님, 존경하는 골로데츠 부총리님, 여러 교수님들, 그리고 학생여러분! 저는 오늘 아름다운 모스크바 국제관계대학을 방문하여 여러 교수님들과 학생 여러분을 만날 수 있어 정말 기쁩니다. 모스크바 국제관계대학은 세계적인 명성을 가진 유명대학이며, 훌륭한 지도자가 많이 계시고, 뛰어난 영재를 배출시키고 있습니다. 이처럼 각 영역에서 우수한 성과를 거두고 있는 귀 대학에 축하의 메시지를 전하는 바입니다.

[2]러시아는 중국의 우방국입니다. 이번 러시아 방문은 제가 중국 국가주석이 된 이래 첫 번째 해외 방문인데, 3년 만에 이렇게 아름답고 풍요로운 국가를 다시 방문하게 된 것입니다. 어제 저는 푸틴총리와의 회담을 통해 큰 성과를 얻었습니다. 그리고 함께 '러시아·중국 여행의 해' 행사의 개막식에 참석했습니다.

[3]3월 이른 봄은 만물이 소생하는 새로운 계절의 도래를 의미하며, 새로운 파종의 시기가 도래하였음을 의미합니다. 속담에 이르길, 일 년의 계획은 봄에 세운다고 합니다. 중·러 양국은 아름다운 초봄의 계절을 놓치지 말고, 양국 관계, 세계 평화와 발전을 위해서 부지런히 노력하여 양국과 양국의 인민들에게 행복을 가져다주어야 합니다.

[4]여러 교수님과 학생 여러분! 모스크바 국제관계대학교는 국제문제 연구와 교육을 전문으로 하는 고등교육기관입니다. 때문에 여러분들이 국제형세에 좀 더 관심을 기울인다면, 과거 십여 년 동안 국제사회가 무척 빠르게 변화했다는 것을 알 수 있을 것입니다. 현재 우리는 정세가 변화무쌍하여 예측이 어려운 시대에 살고 있습니다. 우리는 급속도로 변화하고 있는 세상을 마주하고 있습니다.

[5]세계는 지금 평화, 발전, 협력, 공통의 이익을 추구하는 것이 시대의 큰 흐름이 되었습니다. 과거의 식민체제는 철저하게 붕괴되었습니다. 냉전시기의 집단적 대립은 더 이상 존재하지 않으며, 어떤 국가 또는 국가단체도 더는 단독으로 세계문제를 처리할 수 없습니다.

[6]세계는 지금 신흥시장국가와 개발도상국들은 빠른 발전의 길에 들어섰습니다. 십 몇억, 몇 십억의 인구가 현재 현대화, 산업화를 향해 달려가고 있으며, 세계 각지에서 다양한 발전이 일어나고 있습니다. 국제적 역량은 세계평화와 발전에 유리한 방향으로 흐르고 있습니다.

[7]세계는 지금 각국 간의 상호연관성, 상호의존도가 전례 없이 심화되고 있으며, 인류는 하나의 지구촌에서 생활하고 있으며, 역사와 현실이 뒤엉킨 시공에서 생활하고 있기 때문에, 점차 상대방 안에 내가 있고, 내 안에 상대방이 있는 운명공동체가 되어가고 있습니다.

[8]인류는 지금 여전히 많은 문제와 도전에 직면하고 있습니다. 국제금융위기의 심층적 영향이 점차 분명하게 드러나고 있으며, 다양한 보호

주의가 고조되고 있습니다. 또한 지역의 핫이슈가 끊임없이 발생하고 있으며, 패권주의, 강권정책, 신간섭주의가 심화되고, 군비경쟁, 테러리즘, 네트워크보안 등 고전적인 방법과 새로운 방식의 안전을 위협하는 요소가 뒤섞여 있어 세계평화를 수호하고, 공통의 발전을 촉구하는 일은 여전히 갈 길이 멀어 보입니다.

[9]우리는 세상이 좀 더 아름답게 변화하길 희망합니다. 세상이 아름답게 변할 것이라는 우리의 믿음에는 그만한 이유가 있습니다. 동시에 우리는 '미래는 희망차지만, 그 길은 험하다.'는 것을 분명하게 알고 있습니다. 체르니셉스키는 일찍이 "역사의 길은 기와로 만든 거리의 보행도로가 아니다. 역사의 길은 들판에서 앞을 향해 나아가는 것과 같다. 때론 먼지를 뒤집어써야 하고, 때론 진흙길을 건너야하고, 때론 습지를 가로질러야 하고, 또 때론 밀림을 지나가야 한다."고 말했습니다. 인류사회발전의 역사는 어떠한 위기를 맞을지라도 자신의 규칙에 따라 앞으로 발전해 나가고 있다는 것을 증명하고 있습니다. 때문에 역사가 앞을 향해 발전해 나가는 것을 막을 수는 없습니다.

[10]세계의 흐름은 광대하기 때문에 그 흐름을 따르면 흥하고, 거스르면 망합니다. 앞으로 전진 하는 시대의 흐름을 따라가는데 있어서 우리의 몸은 21세기에 진입하였음에도 불구하고, 우리의 생각은 아직 과거에 머물러 있거나, 식민통치가 활발하던 냉전의 사유와 제로섬 게임의 틀 안에 머물러서는 안 됩니다.

[11]우리들은 국제적 형세는 매우 심각한 변화하고 있어 세계 각국은 한마음으로 어려움을 헤쳐 나아가야만 하는 객관적 요구에 직면하였습니다. 각국은 반드시 함께 협력하여, 공익을 핵심으로 하는 새로운 형태의 국제관계를 만들어야 하며, 각국의 국민들은 반드시 함께 세계 평화를 수호하고, 공통의 발전을 촉구해야 합니다.

[12]우리는 각국과 각국의 인민들이 반드시 존엄을 누려야 한다고 주장합니다. 국가의 크고 작음, 강하고 약함, 부유하고 가난함 등을 구분하지 말고 평등해야 하며, 각국의 국민들이 자주적으로 발전의 길을 선택할 권리를 존중해 줘야합니다. 또한 타국의 내정에 간섭하는 것을 반대하며, 국제적 공평·정의를 수호해야 합니다. 신발이 맞는지 안 맞는지는 본인이 직접 신어봐야 알 수 있습니다. 어떤 나라의 발전 방향이 적절한지 여부는 오직 그 나라의 국민들만이 그 답을 알 수 있습니다.

[13]우리는 각 국가와 국민들이 발전에 따른 성과를 반드시 함께 누려야 된다고 주장합니다. 각 국가는 자신의 발전을 도모하는 동시에 적극적으로 다른 국가의 동반 성장을 추진해야 합니다. 세계가 장기적으로 발전하기 위해서 일부는 국가만 점점 부유해지고, 나머지 국가는 지속적으로 가난해져서는 안 됩니다. 여러 나라가 함께 발전해야지만 세계는 더욱 발전할 수 있습니다. 남에게 어려움을 전가시키는 방법은 도덕적이지 못할 뿐만 아니라 오래 지속될 수도 없습니다.

[14]우리들은 각 국가와 국민들은 공통으로 안전 보장을 누릴 수 있어야 합니다. 각국은 함께 노력하여 여러 가지 문제점을 극복하고 도전해야 합니다. 글로벌 도전에 직면할수록 함께 협력하여 대응해야 함으로써 부담감을 원동력으로 변화시키고 위기를 기회로 변화시켜야 합니다. 글로벌 안전 위협이라는 매우 복잡한 문제에 대해서는, 홀로 싸워서는 안 되며 무력을 맹신해서는 더욱 안 됩니다. 함께 협력하여 집단의 안전과 공동의 안전을 도모하는 것만이 문제를 해결할 수 있는 올바른 선택이라고 할 수 있습니다.

[15]세계는 다극화되고, 경제는 세계화되고, 문화는 다양화되고, 사회는 지속적으로 정보화되어가고 있습니다. 또한, 오늘날의 인류는 과거 어떤 때보다 평화롭고 발전하기 좋은 조건을 목표로 매진하고 있습니다.

따라서 협력하여 공동의 이익을 도모하는 것이 이러한 목표를 실현할 수 있는 방법입니다.

[16]세계의 운명은 반드시 각국의 국민들이 공동으로 결정해야만 하는 것 입니다. 각국의 주권 범위 안에 있는 일들은 해당국의 정부와 국민들이 관리해야 하며, 국제적인 문제는 각국의 정부와 인민들이 함께 의논을 통해 해결해야 합니다. 이것이 국제적인 문제를 해결하는 민주원칙이며, 국제사회는 반드시 이를 준수해야 합니다.

[17]교수님들 그리고 학생 여러분, 작년 11월 중국공산당은 제18차 전국대표대회를 열고, 2020년까지 GDP와 도시와 농촌에 거주하는 인민의 1인당 평균 수입을 2010년의 두 배에 이르도록 하는 중국 발전에 대한 청사진을 제시하였습니다. 중국공산당 건국 100주년이 될 때에는 전면적으로 소강사회가 되도록 만들 것이며, 신중국 건립 100주년이 되는 해에는 부강하고, 민주적이고, 문명적이며 조화로운 사회주의 현대화 국가가 건설될 것입니다. 13억의 인구를 보유한 개발도상대국으로써 중국이 발전과정에서 직면하고 있는 위험과 도전은 여전히 크고 중대한 것으로, 이미 확정된 분투목표를 실현시키기 위해서는 고생스러운 노력을 지속해야 한다는 것을 우리는 분명하게 인식하고 있습니다.

[18]중화민족의 위대한 부흥을 실현하는 것은 근대 이후 중국 인민의 가장 위대한 꿈이며, 우리는 이를 '중국의 꿈'이라고 일컫는데, 이것이 기본적으로 의미하는 바는 국가의 부강, 민족의 진흥, 인민의 행복을 실현하는 것입니다. 중화민족은 항상 평화를 사랑하였습니다. 근대 이후, 중국은 외국의 침략과 내전으로 인한 오랜 고통을 통해 평화의 중요성을 깊이 깨달았습니다. 가장 중요한 것은 평화로운 환경 속에서 국가를 건설하는 것이며, 이를 통해 인민의 생활을 개선하는 것입니다. 중국은 확고하게 평화발전의 길을 걸어갈 것이며 개방된 발전, 협력하는 발전, 공

동의 이익을 도모하는 발전을 위해 노력할 것입니다. 그리고 동시에 각 국가들에게 평화발전의 길을 걷자고 호소할 것입니다. 중국은 줄곧 방어적인 국방정책만을 취해왔으며, 군사장비 경쟁은 하지 않음으로써 어떠한 국가에게도 군사적 위협을 가하지 않았습니다. 중국의 큰 발전은 세계에 위협이 되는 것이 아니라 더 많은 기회를 가져다줄 것입니다. 우리들이 이루어낼 '중국의 꿈'은 중국 인민뿐만 아니라 각국의 국민들에게도 행복을 가져다줄 것입니다.

[19]우리들은 중국과 러시아가 서로간의 가장 큰 우방국으로서 함께 할 수 있게 되어 몹시 기쁩니다. 국가 발전을 위한 청사진에는 서로 협력할 수 있는 많은 부분이 존재할 것입니다. 러시아는 2020년까지 GDP를 선진국 수준으로 끌어올리겠다는 목표를 제시하였으며, 현재 강대한 국가와 부유한 인민을 만든다는 목표를 향해 빠르게 전진하고 있습니다. 우리들은 진심으로 러시아가 빠른 시일 내에 이러한 목표를 달성하기를 바랍니다. 강대하게 번영한 러시아는 중국의 이익에도 부합할 뿐만 아니라 아시아 태평양과 세계의 평화를 공고히 하는데 도움이 될 것입니다.

[20]중·러 관계는 세계에서 가장 중요한 양국 관계 일 뿐만 아니라 가장 좋은 대국관계이기도 합니다. 높은 수준의 강력한 중·러 관계는 양국모두에게 이득이 될 뿐만 아니라, 국제적인 군사전략의 균형과 세계평화와 안정을 수호하기 위한 중요한 보장조치라고 할 수 있습니다. 양국의 20여 년간의 부단한 노력을 통해 중국과 러시아는 전면적인 전략적 동반자 관계를 맺을 수 있었습니다. 이러한 관계는 상대방의 이익을 충분히 고려한 것이기 때문에 양국 국민에게 실질적인 도움을 안겨 주었습니다. 우리 양국은 역사가 남겨놓은 국경선 문제를 확실히 해결하였으며, 《중 · 러 선린우호협약조약》을 체결함으로써 중국과 러시아의 장대한 발전을 위한 튼튼한 기초를 마련하였습니다.

[21]현재, 중·러는 모두 민족부흥이라는 중요한 시기에 놓여있습니다. 양국관계는 이미 서로 중요한 발전기회를 제공하고, 서로 우선적 협력 동반자관계가 될 수 있는 새로운 단계에 진입하였습니다. 새로운 형태로 발전하고 있는 중·러 관계에 대하여 저는 다음과 같은 몇 가지 측면에서 노력을 기울여야 한다고 생각합니다.

[22]첫째, 확고부동하게 미래를 향해 발전하는 관계가 되는 것입니다. 중국과 러시아는 대대로 우호적이었으며, 영원히 적이 되지 않을 것이라는 점은 양국인민이 공통적으로 염원하는 것입니다. 우리들은 좀 더 멀리 바라보고, 양국관계의 발전을 위한 계획을 마련해야 합니다. 푸틴 총리가 말했습니다. "러시아는 안정적으로 발전한 중국을 필요로 하고, 중국 역시 강대하게 성공한 러시아를 필요로 합니다." 저는 전적으로 그의 의견에 동의하는 바입니다. 우리 양국이 함께 발전하면, 포괄적 전략적 동반자 관계에 좀 더 큰 발전 공간을 제공할 수 있을 것입니다. 또한, 국제질서와 국제체제가 공정하고 합리적인 방향으로 발전하는데 긍정적인 에너지를 제공할 것입니다. 우리 양국은 영원한 이웃이며, 좋은 친구일 뿐만 아니라, 좋은 파트너입니다. 실제적 행동으로써 상대국이 핵심적 이익을 수호하는 것을 지지하며, 상대국이 부흥 발전하는 것을 응원하며, 자신의 국가사정에 부합하는 발전방향을 선택하는 것과 상대국이 자신의 일을 자주적으로 처리하는 것을 존중합니다.

[23]둘째, 협력하여 서로의 이익을 도모하는 관계가 되는 것입니다. 중국과 러시아는 각각 국가적 상황이 다르며, 처해있는 조건 또한 상이합니다. 따라서 상호간에 긴밀한 협력을 통해 장점은 취하고, 단점은 보완한다면 일 더하기 일은 이가 아닌 이보다 더 큰 효과를 낼 것입니다. 작년, 중국과 러시아의 무역액은 882억 달러에 이르렀으며, 인적 교류는 총 330만 명에 달했습니다. 이러한 수치는 중국과 러시아의 관계에 거대한 발전

잠재력과 무한한 발전 가능성을 충분히 반영하고 있습니다. 중·러의 에너지 협력은 지속적으로 긴밀해지고 있습니다. 17세기의 '만리다도'에 이어, 중국과 러시아의 석유 가스 파이프라인은 양국을 연결하는 새로운 '세기의 동맥'이 되었습니다. 중·러 양국은 각 국가와 지역의 발전전략이 상호 연계될 수 있도록 적극적으로 추진하고 있으며, 더 많은 이익이 부합될 수 있는 포인트 그리고 협력하여 성장할 수 있는 포인트를 지속적으로 창출해내고 있습니다. 우리는 양국의 협력이 에너지 자원에서 투자, 인프라 구축, 첨단기술, 금융 등의 영역으로 확장되도록 추진할 것이며, 상품의 수출입에서 공동연구개발, 공동생산전환에 이르기까지, 끊임없이 양국의 실무협력에 대한 단계와 수준을 높일 것입니다.

[24]셋째, 양국 인민이 우호적인 관계를 확고하게 발전시키는 것입니다. 국가 간의 관계는 국민들의 관계에 달려있습니다. 국민들 간의 두터운 우정은 국가관계가 발전할 수 있는 원천이 될 수 있습니다. 여기서 저는 양국 인민이 서로를 지지하며 도움을 주고받았던 사례에 대해 소개하고자 합니다. 항일 전쟁 때, 소련의 공군 대대장 쿨리센코는 중국 인민과 함께 전쟁에 참여하였습니다. 그는 감정이 격앙되어 말하길 "나는 마치 내 조국에 재난이 일어난 것처럼, 중국노동인민이 지금 겪고 있는 이 재난을 겪어내고 있다."라면서 그는 중국 땅에서 용감하게 전사 하였습니다. 중국 인민은 이 영웅을 아직도 잊지 못하고 있습니다. 한 평범한 중국인 모자(母子)가 그를 위해 반세기 동안 그의 무덤을 지키고 있습니다. 2004년 러시아 베슬란 학교 인질극이 발생한 뒤, 중국은 일부 부상당한 아이들을 중국에 데려가 치료를 해 주었습니다. 이 아이들은 중국에서 정성스럽게 보살핌을 받았고, 러시아의 인솔자 아란은 "중국의 의사가 아이들에게 이렇게 큰 도움을 주었으니, 우리 아이들은 영원히 당신들을 기억할 것입니다."라고 말했습니다. 2008년 중국 원촨에서 지진이

발생한 뒤, 러시아는 제일 처음 중국을 향해 도움의 손길을 뻗었습니다. 그리고 러시아는 재난 당한 아이들을 러시아로 데리고 와 치료해 주었습니다. 3년 전, 저는 블라디보스토크 '해양' 전국 러시아 아동센터에서, 러시아 선생님이 중국아이를 정성스럽게 보살피는 모습을 직접 목격하였습니다. 중국 어린이는 직접 러시아 인민의 따뜻함과 사랑을 경험할 수 있었습니다. 이는 중국인이 자주 말하는 "끝없는 사랑"을 실현한 것입니다. 이와 비슷한 감동적인 이야기는 이밖에도 아주 많은데, 이것은 양국인민의 우호라는 나무를 더욱 무성하게 만듭니다.

[25]중국과 러시아는 오래된 역사와 찬란한 문화를 보유하고 있으며, 양국인민의 우호를 증진시키는 인문교류는 무엇으로도 대신할 수 없습니다. 공자, 노자 등의 중국 고대 사상가들은 러시아 인민들에게도 친숙합니다. 중국 옛 혁명가들은 러시아 문화로부터 깊은 영향을 받았습니다. 저희들 세대 또한 러시아 문학의 고전작품을 많이 읽었습니다. 저는 어렸을 때 푸시킨, 레르몬토프, 투르게네프, 도스토옙스키, 톨스토이, 체호프 등 문학거장들의 작품을 읽으며 러시아 문학의 매력을 느낄 수 있었습니다. 중국과 러시아의 문화교류는 두터운 토대를 바탕으로 행해지는 것입니다. 청년은 국가의 미래이며, 세계의 미래이자, 중국과 러시아 우호사업의 미래입니다. 이번 러시아 방문기간 동안 저는 푸틴총리와 함께 2014년과 2015년에 '중국과 러시아 청년 우호 교류의 해'에 대한 사업을 진행하기로 합의했습니다. 중국은 모스크바 관계대학 학생들을 포함한 러시아 대학생 대표단을 중국으로 초청할 것입니다. 지금 이자리에 앉아 계신 학생 여러분은 러시아의 청년 인재들입니다. 저는 좀 더 많은 중국과 러시아 청년들이 중·러 우호의 배턴을 이어받아 적극적으로 양국인민의 우호사업에 참여하기를 희망합니다.

[26]여러 교수님들 그리고 학생 여러분! 러시아 속담에는 "큰 배는 반드

시 멀리 항해합니다."라는 말이 있습니다. 중국 고시에는 "거센 바람 물결 헤칠 그날은 꼭 오려니, 구름 같은 돛을 달고 망망대해를 건너리라." 라는 구절이 있습니다. 저는 양국 정부와 인민들이 함께 노력한다면, 중국과 러시아의 관계가 어려움을 무릅쓰고 앞으로 나아가 좀 더 먼 곳을 향할 수 있을 것이며, 양국 인민들에게 좀 더 좋은 결과를 가져줄 뿐만 아니라 세계 평화와 발전을 촉진시킬 것이라고 믿습니다. 감사합니다.

1. 착상(inventio)

시진핑이 러시아 방문 당시 모스크바 국제관계대학에서 진행했던 연설의 수사적 상황과 연설의 의도 그리고 주된 논거 등을 살펴보면서 시진핑이 어떠한 상황에서 왜 그리고 무엇을 위해 자신의 연설을 수행하였는지 텍스트 분석을 진행한다.

1.1. 수사적 상황

시진핑이 러시아를 방문하여 연설하게 된 가장 직접적인 배경은 중국 제 5정치 세대 출신의 지도자로서 새로운 영도자의 취임을 알리고 새로운 중국 정부의 시작을 러시아에 공표하기 위함이다. 후진타오의 뒤를 이어 2013년 중국 주석을 역임하게 된 시진핑은 안으로는 개혁개방의 심화로 야기된 빈부 격차, 공무원의 부정부패, 부동산 문제 등과 같은 정치적, 사회적 문제점을, 동시에 밖으로는 주변국과의 관계를 평화롭게 조성해야 하는 과제를 안고 있었다. 이를 해결하기 위한 하나의 방안으로 모스크바 연설을 진행하였는데, 이를 통해 러시아에 동맹국으로서 인정받고, 견고한 중·러 관계를 유지하고자 하였다.

1.2. 연설 유형

텍스트의 의도에 따라 연설의 유형을 구분해보면 본 연설은 법정연설이나 식장연설보다는 정치연설에 가깝다고 할 수 있다. 왜냐하면 시진핑의 연설문에는 법정연설문처럼 사건을 규명하거나, 진실에 대한 참 혹은 거짓을 밝히려는 요소를 찾아보기 힘들기 때문이다. 러시아의 모스크바 대학에서 연설을 진행하였기 때문에 보는 각도에 따라 식장연설이라 할 수 있겠으나, 텍스트 분석을 진행해 보면 본 연설문은 첫째, 중국의 새 정부 출범과 관련된 내용을 담고 있으며, 둘째, 중·러 관계를 좀 더 확고히 하고자 하는 의도가 엿보이고, 셋째, 양국의 미래에 대한 중요성을 강조하고 있음을 알 수 있다. 또한 여러 차례에 걸쳐 국가 간의 평화로운 협력을 강조하고 양국이 함께 미래를 향해 나아갈 것을 주장하고 있다. 예를 들면 중·러 관계는 세계에서 가장 중요한 관계 중 하나로 대국관계(major power relationship) 가운데 최상이라고 표현하면서, 양국의 관계가 각국에 이익을 가져다줄 뿐만 아니라 세계 평화를 유지할 수 있는 중요한 요소가 된다고 말한다. 이를 통해 본 연설문은 내용상 정치연설에 가깝다고 할 수 있다.

1.3 논거 찾기

시진핑의 연설문에는 예언과 같은 신의 증언은 등장하지 않지만, 약속, 서약 등 인간의 증언에 속하는 외부 말터는 등장한다. 그는 신중국 성립 100주년이 되는 해까지 부강하면서 민주적이고 문명적인 사회주의 현대화국가를 건설하겠다는 자신의 목표를 제시하였다. 또한, 중국 인민뿐만 아니라 세계 각국의 국민도 다함께 행복해 질 수 있는 '중국의 꿈'을 실현하겠다는 계획을 단락[17], [18]을 통해 밝히고 있다.

단락[17]

在中国共产党建党100年时全面建成小康社会，在新中国成立100年时建成富强民主文明和谐的社会主义现代化国家。

중국공산당 건국 100주년이 될 때에는 전면적으로 소강사회[1]가 되도록 만들 것이며, 신중국 건립 100주년이 되는 해에는 부강하고, 민주적이고, 문명적이며 조화로운 사회주의 현대화 국가가 건설될 것입니다.

단락[18]

中国发展壮大，带给世界的是更多机遇而不是什么威胁。我们要实现的中国梦，不仅造福中国人民，而且造福各国人民。

중국의 성장이 세계에 가져다주는 것은 더 많은 기회이지 위협이 아닙니다. 우리들이 실현하고자 하는 '중국의 꿈'은 중국 인민뿐만 아니라 각국의 국민들에게도 행복을 가져다줄 것입니다.

이러한 말터들은 세계화의 흐름에 맞춰 중국이 타국에 의해 간섭 받지 않고 자국의 자주권을 확보하고, 경제적으로 성장하여 타국의 이익에도 기여하겠다는 논리의 근거로 작용한다. 이를 통해 중국의 성장이 세계의 이익에 기여하는 것처럼, 러시아의 성장 역시 세계의 평화를 보장하는 중요한 요소가 되기 때문에 양국은 상호 협조 하에 함께 발전해야 한다는

1) 소강사회(小康社会); 경제발전, 민주적 정치, 문화 번영, 조화로운 사회, 아름다운 환경, 윤택한 생활, 풍요로운 삶, 국력신장 등 경제, 정치, 문화가 조화롭게 발전하는 사회를 말한다.

논리의 형성이 가능해진다. 또한 '중국과 러시아가 협력하여 각국 국민들의 경제 부흥을 이루어내고, 국민행복을 달성한다면 세계화의 흐름에 따라 다른 나라에게도 긍정적인 영향을 끼칠 것이다.'라는 추론을 가능케 한다. 이는 아래 단락[20]의 내용을 통해서도 확인할 수 있다.

단락[20]

中俄关系是世界上最重要的一组双边关系，更是最好的一组大国关系。一个高水平、强有力的中俄关系，不仅符合中俄双方利益，也是维护国际战略平衡和世界和平稳定的重要保障。经过双方20多年不懈努力，中俄建立起全面战略协作伙伴关系，这种关系充分照顾对方利益和关切，给两国人民带来了实实在在的好处。我们两国彻底解决了历史遗留的边界问题，签署了《中俄睦邻友好合作条约》，为中俄关系长远发展奠定了坚实基础。

중·러 관계는 세계에서 가장 중요한 양국 관계 일 뿐만 아니라 가장 좋은 대국관계이기도 합니다. 높은 수준의 강력한 중·러 관계는 양국모두에게 이득이 될 뿐만 아니라, 국제적인 군사전략의 균형과 세계평화의 안정을 수호하기 위한 중요한 보장조치라고 할 수 있습니다. 양국 20여 년간의 부단한 노력을 통해, 중국과 러시아는 전면적인 전략적 동반자 관계를 맺을 수 있었습니다. 이러한 관계는 상대방의 이익을 충분히 고려한 것이기 때문에 양국 국민에게 실질적인 도움을 안겨 주었습니다. 우리 양국은 역사가 남겨놓은 국경선 문제를 확실히 해결하였으며, 《중·러 선린우호협약조약》을 체결함으로써 중국과 러시아의 장대한 발전을 위한 튼튼한 기초를 마련하였습니다.

시진핑의 연설문에는 신의 증언, 인간의 증언과 같은 외부 말터 뿐만 아니라 내부 말터가 존재하는데, 원인과 결과, 연관성의 말터 등이 등장하고 있다. 특히 원인과 결과에서 시진핑은 세계의 흐름과 중국의 평화수호 군사정책에 대한 언급을 통해 러시아와의 우호관계에 대한 중요성을 강조한다. 때문에 그의 연설문은 총체적으로 '평화', '지구촌', '상호연관성', '상호의존도' 등의 단어를 사용하면서 작금의 상황에 대해 상기시키고, 이를 중국과 러시아가 우호적인 관계를 강화해야만 하는 논거를 발전시키기 위한 착상의 근거로 사용하고 있다.

1.3.1. 원인과 결과의 말터

단락[7]

这个世界，各国相互联系、相互依存的程度空前加深，人类生活在同一个地球村里，生活在历史和现实交汇的同一个时空里，越来越成为你中有我、我中有你的命运共同体。

세계는 지금 각국 간의 상호연관성, 상호의존도가 전례 없이 심화되고 있으며, 인류는 하나의 지구촌에서 생활하고 있고, 역사와 현실이 뒤엉킨 시공에서 생활하고 있기 때문에, 점차 상대방 안에 내가 있고, 내 안에 상대방이 있는 운명공동체가 되어가고 있습니다.

단락[18]

近代以来，中国人民蒙受了外国侵略和内部战乱的百年苦难，深知和平的宝贵。。(中略)。。中国始终奉行防御性的国防政策，不搞军备竞赛，不对任何国家构成军事威胁。
근대 이후, 중국은 외국의 침략과 내전으로 인한 오랜 고통을 통해 평화의 중요성을 깊이 깨달았습니다...(중략)...중국은 줄곧 방어적인 국방정책만을 취하였으며, 국비경쟁은 하지 않음으로써 어떠한 국가에게도 군사적 위협을 가하지 않았습니다.

위의 두 단락에서 볼 수 있듯이 연사는 자신이 진행하는 연설문의 설득력을 높이기 위해 '원인과 결과'의 말터를 사용하고 있다. 단락[7]에서는 우리가 처해있는 글로벌 환경에 대한 다양한 근거를 원인으로 제시하면서 그로 인해 우리가 서로 협력할 수밖에 없다는 주장을 결론으로 내세우고 있다. 또한 단락[18]에서는 중국이 과거에 겪었던 외침과 내전을 통해 깨달은 평화의 중요성으로 인해 중국은 줄곧 방어적이고 평화를 수호하는 국방 정책을 펼쳐 왔다는 점을 강조하고 있다. 이는 모두 원인과 결과의 틀을 이용한 말터로 연사가 연설문의 설득력을 높이기 위해 사용한 것이다.

1.3.2. 연관성의 말터

단락[18]

我们要实现的中国梦，不仅造福中国人民，而且造福各国人民。
우리가 실현하고자 하는 '중국의 꿈'은 중국 인민뿐만 아니라 각국의 국민에게도 이익을 가져다줄 것입니다.

단락[19]

一个繁荣强大的俄罗斯，符合中国利益，也有利于亚太与世界和平稳定。

강대하게 번영한 러시아는 중국의 이익에도 부합할 뿐만 아니라 아시아 태평양과 세계의 평화를 공고히 하는데 도움이 될 것입니다.

단락[18]과 [19]는 러시아와 중국 각국의 이익이 비단 자국의 범위 안에서만 그치는 것이 아니라 세계와 연관되어 영향을 미칠 것이라는 주장을 담고 있다. 중국 인민의 이익은 각국의 국민에게도 이익을 가져다줄 것이며, 러시아의 번영은 중국에도 이익이 되지만, 나아가 아시아 태평양과 세계 평화에도 좋은 영향을 미친다고 언급하고 있다. 러시아와 중국이 자국의 이익 추구를 위해 상호 간 협력 관계를 공고히 하는 것에 대한 근거를 세계 이익에서 찾고 있음을 알 수 있다.

1.3.3. 권위의 말터

단락[10]

世界潮流，浩浩荡荡，顺之则昌，逆之则亡。要跟上时代前进步伐，就不能身体已进入21世纪，而脑袋还停留在过去，停留在殖民扩张的旧时代里，停留在冷战思维、零和博弈的框架里。

세계의 흐름은 광대하기 때문에 그 흐름을 따르면 흥하고, 거스르면 망합니다. 앞으로 전진 하는 시대의 흐름을 따라가는데, 우리의 몸은 21세기에 진입하였음에도 불구하고, 우리의 생각은 아직 과거에 머물러 있거나, 식민통치가 활발하던 냉전의 사유와 제로섬 게임의 틀 안에 머물러서는 안 됩니다.

단락[22]

普京总统讲过："俄罗斯需要一个繁荣稳定的中国，中国也需要一个强大成功的俄罗斯。

푸틴 총리가 말했습니다. "러시아는 안정적으로 발전한 중국을 필요로 하고, 중국 역시 강대하게 성공한 러시아를 필요로 한다."

위의 단락[10]과 [22]는 각각 중국의 혁명 지도자 '쑨원(孫文)'과 러시아 총리 '푸틴(Putin)'의 말을 인용한 것으로 외부 말터를 활용한 예시라고 볼 수 있다. 중국과 러시아의 상호 협력이 왜 필요한지에 대한 타당한 이유를 제시하고, 이를 통해 청중들을 설득하기 위해 연사는 역사적으로 혹은 당대에 대중들로부터 그 권위를 인정받고 있는 인물들의 말을 인용하였다. 내용을 살펴보면 우선 단락[10]에서 쑨원이 "살아남기 위해서는 세계의 흐름을 따라야 한다."라고 언급한 것을 인용함으로써 연사가 주장하고 있는 시대의 흐름에 따른 양국의 변화와 발전을 촉구하고 있다. 또한 단락[22]에서 러시아 푸틴의 "중국과 러시아 양국은 각각 발전된 상태의 상대방 국가가 필요하다."는 표현을 인용해 중국과 러시아간 상호협력의 중요성을 강조하고 있다. 이는 모두 권위의 말터를 이용해 자신이 펼치는 주장의 타당성을 보완하는 언어장치로 볼 수 있다.

2. 배열(dispositio)

시진핑의 연설문은 총 26개의 단락으로 구성되어 있는데 그 내용을 요약하여 표로 만들면 다음과 같다.

표1. 〈단락의 구성과 핵심 내용〉

<table>
<tr><th colspan="2">배열구조</th><th>단락</th></tr>
<tr><td colspan="2">들머리</td><td>[1] 귀빈에 대한 감사 및 인사말
[2] 러시아와의 친밀성
[3] 우방국 관계에 대한 당위성</td></tr>
<tr><td colspan="2">얼거리</td><td>[4] 천변만화하는 시대
[5] 국가 간 협력의 필요성
[6] 현시대의 흐름
[7] 지구촌화 되어가는 현재
[8] 시대의 이데올로기
[9] 도전을 극복한 밝은 미래
[10] 미래를 향한 발전
[11] 시대의 흐름을 따라야 하는 당위성</td></tr>
<tr><td rowspan="3">밝히기</td><td>국가 간의 조화로운 발전 강조</td><td>[12] 국가와 국민들의 존엄성
[13] 국가 간의 조화로운 발전
[14] 국가 간의 평화협력
[15] 국가 간의 상호협력
[16] 국가의 주체성</td></tr>
<tr><td>대내경제발전</td><td>[17] 목표달성을 위한 의지
[18] 목표달성을 위한 구체적 계획</td></tr>
<tr><td>국가 간의 통합</td><td>[19] 중·러의 상호협력 당위성
[20] 중·러의 상호발전 정책
[21] 중·러가 중시해야 하는 쟁점
[22] 지속적 우방관계의 필요성
[23] 상호교류의 필요성</td></tr>
<tr><td colspan="2">마무리</td><td>[24]중·러 국민들의 우호관계 유지
[25]중·러 상호교류 격려
[26]양국의 밝은 미래</td></tr>
</table>

2.1. 들머리(principium)

시진핑의 연설은 총 26개의 단락으로 구성되어 있으며, 그중 들머리는 3개의 단락을 구성하고 있다. 시진핑은 푸틴과의 회담, 중국과 러시아가 우방국으로서 지니고 있는 친밀성 등을 언급하며 청중들의 관심을 유도한다. 들머리는 청중들이 연설에 끝까지 집중하도록 하려는 목적을 지니고 있는데, 시진핑은 '호감 사기'와 '관심 끌기'를 이용해 청중들의 주목을 얻어내고자 하였다.

단락[1]

尊敬的托尔库诺夫院长，尊敬的戈洛杰茨副总理，老师们，同学们！今天，有机会来到美丽的莫斯科国际关系学院，同各位老师、同学见面，感到十分高兴。莫斯科国际关系学院是享誉世界的知名学府，名师荟萃，英才辈出，我对贵院在各领域取得的优异成绩，表示热烈的祝贺！

존경하는 토르쿠노프 총장님, 존경하는 골로데츠 부총리님, 여러 교수님들, 그리고 학생여러분! 저는 오늘 아름다운 모스크바 국제관계대학을 방문하여 여러 교수님들과 학생 여러분을 만날 수 있어 정말 기쁩니다. 모스크바 국제관계대학은 세계적인 명성을 가진 유명대학이며, 훌륭한 지도자가 많이 계시고, 뛰어난 영재를 배출시키고 있습니다. 이처럼 각 영역에서 우수한 성과를 거두고 있는 귀 대학에 축하의 메시지를 전하는 바입니다.

단락[2]

俄罗斯是中国的友好邻邦。。(中略)。。昨天，我同普京总统举行了富有成果的会谈，并共同出席了俄罗斯中国旅游年开幕式。

러시아는 중국의 우방국입니다……(중략)……저는 어제 푸틴 총리와의 회담을 통해 큰 성과를 얻었습니다. 그리고 함께 '러시아·중국 여행의 해' 행사의 개막식에 참석했습니다.

단락[1]에서 볼 수 있듯이 본 연설은 모스크바 대학의 여러 인사를 호칭하는 것과 함께 시작된다. 이러한 '호칭하기'라는 연설 중간에도 여러 차례 등장하는데 이는 '관심 끌기'의 방법의 하나로 연설 중 청중의 관심을 집중시키기 위해 사용되었다. 또한, 호칭은 청중들을 연설 속으로 끌어들이는 역할을 해 연사와 청중이 함께 소통하고 있다는 느낌이 들어온다. 이밖에도 연사는 모스크바 대학이 세계적으로 유명하다고 언급하면서 훌륭한 지도자들과 뛰어난 영재를 보유하고 있는 모스크바 대학의 우수한 성과를 칭찬함으로써 청중들의 '호감 사기'를 시도하는 것을 볼 수 있다. '호감 사기'는 위의 단락[2]에서도 계속되는데, 연설자 자신이 러시아 총리와 진행했던 회담 그리고 함께 참여했던 행사에 대해 언급하면서 푸틴과 연사의 친밀한 관계를 내세우고, 이를 통해 청중의 관심과 호감을 동시에 끌어내고 있다.

2.2. 얼거리(narratio)

얼거리에서는 연설문이 핵심본론에 들어가기 전 글로벌 정세 및 흐름에 대해 상세하게 설명함으로써 뒤에서 주장할 내용의 배경에 대해 미리 언지해 주는 역할을 한다. 시진핑의 연설 텍스트에서 얼거리는 총 8개의 단락으로 구성되어 있다.

단락[4]

我们所处的是一个风云变幻的时代，面对的是一个日新月异的世界。

현재 우리는 정세가 변화무쌍하여 예측이 어려운 시대에 살고 있으며, 급속도로 변화하고 있는 세상을 마주하고 있습니다.

단락[5]

冷战时期的集团对抗不复存在，任何国家或国家集团都再也无法单独主宰世界事务。

냉전시기의 집단적 대립은 더 이상 존재하지 않으며, 어떤 국가 또는 국가단체도 더는 단독으로 세계문제를 처리할 수 없습니다.

단락[11]

我们面对国际形势的深刻变化和世界各国同舟共济的客观要求，各国应该共同推动建立以合作共赢为核心的新型国际关系，各国人民应该一起来维护世界和平、促进共同发展。

우리들은 국제적 형세의 매우 심각한 변화와 세계 각국이 한마음으로 어려움을 헤쳐 나아가야만 하는 객관적 요구에 직면하였습니다. 각국은 반드시 함께 협력하여, 공익을 핵심으로 하는 새로운 형태의 국제관계를 만들어야 하며, 각국의 국민들은 반드시 함께 세계 평화를 수호하고, 공통의 발전을 촉진해야 합니다.

위의 단락에서 연사는 급변하는 시대의 흐름을 언급하며, 국가는 더는 개별적으로 발전하기 힘들기 때문에 서로 협력해야 함을 강조한다. 현시대가 어떠한 방향으로 나아가고 있는지, 그리고 앞으로 어떤 형태의 국가가 살아남게 될 것인지, 또한 도전을 극복하면 밝은 미래를 맞이할 수 있다고 설명한다. 이는 모두 중·러 관계의 긴밀한 협력이 왜 필요한지에 대한 주장을 펼치기 위한 사전 작업에 해당하는 부분이다.

2.3. 벼리(argumentatio)

벼리는 논증적인 부분으로 타당성과 증명성을 원칙으로 하고 있다. 본 연설문에는 총 12단락의 밝히기가 등장하는데, 중국과 러시아가 협력관계를 맺고 '전략적 파트너십'을 강화해야 하는 이유에 관해 설명하고 있다. 밝히기는 주로 수사적 삼단논법(논증법)과 수사적 귀납법(예증법) 등을 통해 시진핑으로 대변되는 중국의 입장과 주장을 밝히고 있다. 그 중 수사적 삼단논법이 적용된 내용을 살펴보면 다음과 같다.

2.3.1. 삼단논법(syllogism)

아리스토텔레스의 이론으로 두 개의 전제(대전제, 소전제)와 한개의 결론으로 이루어진다. 아래 (1)에서는 중국의 발전의 필요성을 설명하기 위해, (2)에서는 중·러 관계 강화의 당위성을 설명하기 위해 삼단논법을 활용하였다.

(1) 대내 경제발전 - 단락 [18]

구분	내용
대전제	中国发展壮大，带给世界的是更多机遇而不是什么威胁。 중국의 커다란 발전은 세계에 위협이 되는 것이 아니라 더 많은 기회를 가져다줄 것입니다.
소전제	我们实现的中国梦，会给中国人民带来幸福。 우리가 이루어낼 '중국의 꿈'은 중국 인민에게 행복을 가져다줄 것입니다.
결론	我们要实现的中国梦，不仅造福中国人民，而且造福各国人民。 우리가 이루고자 하는 '중국의 꿈'은 중국 인민뿐만 아니라 각국의 국민에게도 행복을 가져다줄 것입니다.

(2) 국가 간의 통합 - 단락[20]

구분	내용
대전제	中俄关系是世界上最重要的一组双边关系。 중·러 관계는 세계에서 가장 중요한 양국 관계입니다.
소전제	强有力的中俄关系将给双方带来共赢。 강력한 중·러 관계는 양국에게 공통의 이익을 가져다줄 것입니다.
결론	中俄关系不仅符合中俄双方利益，也是维护国际战略平衡和世界和平稳定的重要保障。 중·러 관계는 중국, 러시아뿐만이 아니라 국제적 균형과 세계평화를 유지하는데 필요한 중요한 보장 장치입니다.

'중국의 꿈' 실현을 통한 중국의 발전은 중국만의 발전이 아닌 세계의 발전이라는 논거를 통해 중국의 행복은 중국에 그치는 것이 아니라 세계 인민에게도 행복을 가져다 줄 수 있다는 결론을 이끌어내고 있다. 또한, 이와 동일한 맥락에서 중국과 러시아의 관계에 대한 중요성을 논거로 제시하면서 양국의 관계는 양국뿐만이 아닌 세계의 균형과 평화를 유지하는데 중요하다는 결론을 도출하고 있다.

2.3.2. 귀납법(inductive method)

귀납법은 여러 가지 구체적, 객관적 사실을 통해 일반적인 명제를 도출해 내는 방법이다. 아래 내용을 통해 연설문에 적용된 귀납법의 사례에 대해 살펴본다.

(1) 상호교류의 필요성 - 단락[23]

구분	내용
객관적 사실	①去年，中俄贸易额达到８８２亿美元，人员交流达到３３０万人次，这些数字充分反映出中俄关系的巨大发展潜力和广阔发展前景。 작년 중국과 러시아의 무역액은 882억 달러에 이르렀으며, 인적 교류는 총 330만 명에 달했습니다. 이러한 수치는 중국과 러시아의 관계에 거대한 발전 잠재력과 무한한 발전 가능성을 충분히 반영하고 있습니다. ②继1７世纪的“万里茶道”之后，中俄油气管道成为联通两国新的“世纪动脉”。 17세기의 '만리다도'에 이어, 중국과 러시아의 석유 가스 파이프라인은 양국을 연결하는 새로운 '세기의 동맥'이 되었습니다.

구분	내용
명제 도출	我们两国正积极推动各自国家和地区发展战略相互对接，不断创造出更多利益契合点和合作增长点。 중·러 양국은 각 국가와 지역의 발전전략이 상호 연계될 수 있도록 적극적으로 추진하고 있으며, 더 많은 이익이 부합될 수 있는 포인트 그리고 협력하여 성장할 수 있는 포인트를 지속적으로 창출해내고 있습니다.

위와 같이 중국과 러시아가 교류했던 여러 가지 데이터를 객관적 사실로써 언급하면서 이러한 협력이 양국의 상호 발전과 이익이 나고 있다는 일반적인 명제를 도출하고 있다. 이는 수사적 귀납법에 해당하는 것으로 중국과 러시아의 상호 협력의 필요성과 당위성을 보다 설득력 있게 묘사하기 위해 도입되었다.

2.4. 마무리

마무리는 텍스트의 마지막 부분으로 단락[24]~[26]에 해당한다. 마무리는 연설의 핵심내용을 간결하게 언급함으로써 청중들의 행동에 영향을 미치는데 그 목적이 있다고 할 수 있다. 시진핑은 마무리를 위해 러시아 속담과 중국 당나라 시인 이백(李白)의 시 '行路难三首(행로난삼수)'의 한 구절의 인용을 통해 청중에게 자신의 주장을 강력하게 각인시키는 방법을 택하였다.

단락[26]

俄罗斯有句谚语：“大船必能远航。”中国有句古诗：“长风破浪会有时，直挂云帆济沧海。”

러시아 속담에는 "큰 배는 반드시 멀리 항해합니다."라는 말이 있습니다. 중국 고시에는 "거센 바람 물결 헤칠 그날은 꼭 오려니, 구름 같은 돛을 달고 망망대해를 건너리라."라는 구절이 있습니다.

위의 단락에서 볼 수 있듯이 연사는 연설의 마무리에 자신이 주장하는 바를 직접 전달하기보다는 양국 국민이 쉽게 이해할 수 있는 속담이나 고시를 인용함으로써, 청중들의 민족의식을 자극하여 공명심을 불러일으키고 감성에 호소하는 방식으로 연설을 마무리 짓고 있다.

3. 표현(elocutio)

연설문에 나타나는 다양한 표현방식이나 자주 출현하는 어휘를 살펴보면 연사가 전달하거나 강조하고 싶은 이데올로기를 담고 있다는 것을 알 수 있다. 따라서 어휘와 수사법 분석을 통해 연설자의 의도를 더 깊게 파악해 본다.

3.1. 어휘선택

시진핑이 사용한 단어의 출현 빈도 분석을 통해 연설 의도의 파악이 가능하다. 집계에 앞서 연설자가 강조하는 주요 내용을 ① 양국 협력 강조, ② 세계 정세 설명, ③ 중국 위상 강조, ④ 협력 의지 표명으로 나누고 카테고리별 출연 어휘를 다시 세부 집계하였다.

No	메세지 구분	어휘별 출현 횟수	총계
①	양국 협력 강조	两国(양국, 25회), 中俄(중·러, 24회), 双方(쌍방, 4회), 共同(공통, 20회), 合作(협력, 14회), 友好(우호적, 7회), 相互(상호, 5회)	198회
②	세계 정세 설명	发展(발전, 48회), 世界(세계, 27회)	75회
③	중국 위상 강조	中国(중국, 29회), 中华(중화, 2회), 中国梦(중국의 꿈, 2회)	33회
④	협력 의지 표명	坚定(확고히, 8회), 应该(반드시, 7회), 必(필히, 4회), 必须(기필코, 2회)	21회

분석 결과 연설문에 20회 이상 출현한 어휘는 发展(48회) 〉 中國(29회) 〉 世界(27회) 〉 两国(25회) 〉 中俄(24회) 〉 共同(20회) 순으로 나타났다. 이를 통해 세계의 발전에 있어서 중국이 선도자가 되고자 하며, 그를 위해 러시아의 협조가 반드시 필요하다는 시진핑의 속내를 짐작할 수 있다. 위의 네 가지 카테고리별로 빈출한 어휘를 집계해본 결과 '양국 협력'을 강조하는 어휘들이 198회로 가장 많이 나타난 것을 알 수 있었는데, 이는 본 연설을 진행하는 목적에 부합하는 결과라고 볼 수 있다. 그밖에 주장을 뒷받침할 근거로 세계의 정세를 설명하는 어휘인 '发展(48회)', '世界(27회)' 등도 매우 높은 빈도로 출현한 것을 볼 수 있다. 또한 중국을 의미하는 어휘인 '中國(29회)', '中华(2회)'등도 비중 높게 출현한 것으로 보아 시진핑이 중국과 러시아의 통합을 의도하면서 동시에 중국이라는 독자성을 강하게 의식하고 있음을 알 수 있다. 한편 시진핑의 연설문에는 다르지만 비슷한 뜻을 가지고 있는 어휘들을 반복하여 사용한 특징이 있는데, 예를 들면 "风云突幻(급변하는 정세를 돌연히 예측할 수 없다)", "日新月异(변화와 발전이 빠르

다)", "巨大突化(아주 크게 돌연히 변화하다)" 등은 모두 세상의 변화 흐름이 매우 빠르니 중국과 러시아도 이에 발맞추어 발전해야 한다는 메시지를 강조하는 역할을 하고 있다. 또한 "相互族系(서로 한 가족이며)", "相互依存(서로 의존하는)", "同一个地球村(하나의 지구촌)" 이라는 유사 의미의 반복적 표현을 통해 급속변화 발전하는 환경 속에서 세계는 단일화 되어가고 있으니 국가 간의 상호 협력이 중요하다는 점을 다시 한 번 강조하고 있다.

3.2. 수사법

시진핑의 연설문에는 다양한 수사법 사용을 통해 청중을 향한 공감과 설득을 이끌어 내려는 시도가 보인다. 그 중에서도 대구법과 대조법 그리고 인용법 사용이 두드러지는데, 이들 수사법이 적용된 단락의 텍스트 분석을 통해 어떠한 설득의 효과를 가져왔는지 살펴본다.

3.2.1. 대구법(對句法)과 대조법(對照法)

대구법은 비슷한 어조나 어세를 가진 어구를 짝지어 표현의 효과를 나타내는 수사법이며, 대조법은 서로 반대되는 대상이나 내용을 내세워 주제를 강조하거나 인상을 선명하게 표현하는 수사법이다. 시진핑은 자신이 청중을 향해 전달하고자 하는 내용을 강조하기 위해 대구법과 대조법을 한 문장에 담아 표현하여 앞뒤의 명확한 대비와 강조의 효과를 노렸다.

단락[10]

身体已进入２１世纪，而脑袋还停留在过去.

몸은 21세기에 진입하였는데, 생각은 아직 과거에 머물러 있다.

위의 대구의 형식을 갖추고 있으면서 앞뒤가 대조적인 의미를 지닌 문장이다. 즉, 앞은 변화의 시대에 사는 '우리의 몸'을 의미하며, 뒤는 과거에 머물러 있는 '우리의 생각'을 의미한다. 이 때 앞뒤의 구조가 비슷한 형식을 띠고 있어서 대구법으로 볼 수 있는데, '身体(몸)'는 '脑袋(생각)'과, '进入(진입하다.)'는 '停留(머무르다.)'와 '21世纪(21세기)'는 '过去(과거)'와 각각 구조적, 의미적 대구를 이룬다. 이와 같은 수사법 적용을 통해 과거는 패권주의 사상으로 인하여 하나의 국가가 독자적으로 존재할 수 있었던 시대였다면, 현재는 국가와 국가가 서로 연합하여 함께 공존해야 하는 세상이라는 자신의 주장을 과거와 현재의 대비를 통해 명확하게 드러내 보이고 있다.

단락[7]

①人类生活在同一个地球村里，生活在历史和现实交汇的同一个时空里, ② 越来越成为你中有我、我中有你的命运共同体。

인류는 하나의 지구촌에서 생활하고 있으며, 역사와 현실이 교차하는 동일한 시공 속에 존재하고 있으며, (인류는) 점차 상대방 안에 내가 있고, 내 안에 상대방이 있는 운명공동체가 되어가고 있습니다.

위의 예문의 ①과 ②는 각각 대구법이 적용된 문장이다. 우선 ①에서, 인류가 각각 '하나의 지구촌'과 '역사와 현실이 교차하는 동일한 시공'에 살고 있다는 유사한 프레임의 문장을 두 번 반복 하고 있다. ②에서 지구라는 운명 공동체를 "상대방 안에 내가 있고, 내 안에 상대방이 있다."처럼 서로 대구를 이루며 의미상 대조를 이루는 문장으로 묘사하고 있다. 이는 모두 서로 협력할 수밖에 없는 운명에 처해있는 글로벌 환경 속에서 중국과 러시아가 왜 긴밀한 관계를 맺어야 하는지를 설득하는 과정 중에 연사의 논리를 극대화시키기 위해 사용한 수사법이다.

3.2.2. 인용법(引用法)

인용법은 자기의 이론을 증명하거나 주장을 강조하기 위하여 남의 말이나 글을 따오는 수사법으로, 주로 속담, 격언, 고사, 일화, 유명인사의 발언 등을 주로 사용한다. 시진핑의 연설문에도 다양한 인용법이 등장하는데, 주로 상황에 대한 실감나는 묘사가 필요하거나, 본인의 주장에 설득력을 배가시키기 위해 사용하였다.

단락[12]

我们主张，各国和各国人民应该共同享受尊严。。(中略)。"鞋子合不合脚，自己穿着才知道"。一个国家的发展道路合不合适，只有这个国家的人民才最有发言权。

우리는 각국과 각국의 인민들이 반드시 존엄을 누려야 한다고 주장합니다. …(중략)… 신발이 맞는지 맞지 않는지는 본인이 직접 신어봐야 알 수 있습니다. 어떤 나라의 발전 방향이 적절한지 여부는 오직 그 나라의 국민들만이 그 답을 알 수 있습니다.

위의 예문은 중국에서 자주 쓰이는 관용적 표현을 인용한 것인데, 본 주장을 펼치기에 앞서, 본 내용과 유사한 상황을 가진 관용어를 도입해 미리 설명함으로써 청중의 이해를 돕는 효과를 보고 있다. 이밖에 시진핑 연설에는 중국과 러시아의 우호적인 관계를 강조하기 위해 몇몇 러시아인의 언사를 인용한 구절이 나온다.

단락[24]

抗日战争时期，苏联飞行大队长库里申科来华同中国人民并肩作战，他动情地说："我像体验我的祖国的灾难一样，体验着中国劳动人民正在遭受的灾难。"他英勇牺牲在中国大地上。

항일 전쟁 때, 소련의 공군 대대장 쿨리센코는 중국 인민과 함께 전쟁에 참여하였습니다. 그는 감정이 격앙되어 말하길 "나는 마치 내 조국에 재난이 일어난 것처럼, 중국노동인민이 지금 겪고 있는 이 재난을 겪어내고 있다."라면서 그는 중국 땅에서 용감하게 전사 하였습니다.

２００４年俄罗斯发生别斯兰人质事件后，中国邀请部分受伤儿童赴华接受康复治疗，这些孩子在中国受到精心照料，俄方带队医生阿兰表示："你们的医生给孩子们这么大的帮助，我们的孩子会永远记住你们的。"

2004년 러시아 베슬란 학교 인질극이 발생한 뒤, 중국은 일부 부상당한 아이들을 중국에 데려가 치료를 해 주었습니다. 이 아이들은 중국의 정성스러운 보살핌을 받았는데, 러시아의 인솔자 아란은 "중국의 의사가 아이들에게 이렇게 큰 도움을 주었으니, 우리 아이들은 당신들을 영원히 기억할 것입니다."라고 말했습니다.

위의 두 예문은 과거 중국과 러시아에게 어려움이 닥쳤을 때 서로 마치 자국의 일처럼 도왔다는 에피소드를 소개하고, 에피소드의 핵심인물이 말했던 구절을 인용함으로써 과거 중국과 러시아의 우호적인 관계를 실감나게 묘사한 것이다. 이는 수사학 설득의 3요소 중 청자의 감성을 자극하여 설득력을 높이는 방법인 파토스(pathos)의 개념에 해당된다.

4. 발표(actio)

4.1. 언어적 요소

어떠한 국가의 언어든지 국어와는 다르게 모어가 존재한다. 모어는 방언이 될 수도 있고, 국어가 될 수도 있다. 중국어에서 모어로서의 방언은 다양하다. 경우에 따라서 이러한 사투리는 서로간의 의사소통을 방해할 정도로 심각하기도 하다. 하지만 중국의 지도자인 시진핑의 중국어에는 이러한 방언 어조가 없다. 그는 표준어인 보통화(普通話)를 구사한다. 때문에 자신의 의사를 명확하게 전달할 수 있다. 그는 연설 내내 음의 높낮이에 큰 변화가 없는 중저음 목소리를 내어 청중에게 듣기 편안한 느낌을 주며, 말의 속도는 다소 느린듯하여 차분한 인상을 준다. 음색이나 말의 속도에 큰 변화가 없기 때문에 듣는 사람이 그의 연설을 다소 지루하고 무겁다고 느낄 수 있지만, 이러한 연설 언어의 특성은 오히려 청중들로 하여금 연설 내용에 대한 진정성과 연사에 대한 강한 신뢰를 느끼게 한다.

4.2. 비언어적 요소

시진핑은 검은색 정장에 자주색 넥타이를 매고 연설을 진행한다. 그의 옷차림은 단조로운 듯하면서도 국제 연설에 어울리는 중후함을 표출하고 있다. 시진핑은 준비해온 연설문을 읽으면서 연설을 진행한다. 하지만 그는 머리를 숙인 채 줄곧 연설문을 읽는 것이 아니라 문장의 흐름에 맞게 휴지(休止)를 가하고, 일정한 시간 동안 청중들을 바라보기도 한다. 즉, 청중들과 눈맞춤을 시도하는데 이를 통해 시진핑이 적극적으로 청중들과 호흡을 맞추고 있다는 것을 알 수 있다. 이처럼 반복적으로 청중을 응시할 경우, 청중들은 연사에 대한 친근감을 형성하게 되며, 연사가 진취적이고 열정적이며 자신감과 지도력을 갖추고 있다는 생각을 하게 된다. 시진핑은 연설할 때 발을 어깨너비만큼 벌리고, 손은 연설원고 앞에 모아둔 자세를 유지함으로써 안정적인 느낌을 전달한다. 그러나 연설을 하는 내내 손동작 또는 몸의 움직임이 거의 없어 연설에 다소 소극적인 태도로 비춰지기도 한다. 강조하고 싶은 내용을 말할 때 손동작이 있다면 청중이 강조 포인트를 더 쉽게 알아차릴 수 있다는 점에서, 제스처가 없는 시진핑의 연설은 연설의 효율성 측면에서 아쉬운 부분이라 할 수 있겠다.

연설문 출처

텍스트 http://news.xinhuanet.com/world/2013-03/24/c_124495576.htm

동영상 http://www.chinanews.com/shipin/2013/03-23/news189776.shtml

2. 후진타오(胡锦涛)
– 신년 연설(2012)

후진타오(胡錦濤)는 중국의 '제4세대' 국가주석이다. 우리는 후진타오의 2012년 신년연설문의 수사적 분석을 통하여 그가 국가 주석으로서 중국 인민을 향해 어떠한 논리로 자신의 주장을 펼쳤으며, 어떠한 수사적 방법을 통해 청중의 설득을 시도하였는지 살펴보고자 한다.

주제

평화, 발전, 협력, 공동이익의 실현(实现和平、发展、合作、共赢)

연설문 원문

[1]女士们，先生们，同志们，朋友们！新年钟声就要敲响，2013年即将来临。我很高兴通过中国国际广播电台、中央人民广播电台和中央，向全国各族人民，向香港特别行政区同胞和澳门特别行政区同胞，向台湾同胞和海外侨胞，向世界各国和各地区的朋友们，致以新年的祝福！

[2]2012年，是中国改革开放和现代化建设取得显著成绩的一年。中国人民同心协力、攻坚克难，中国经济社会发展呈现稳中有进的良好态势，各项事业全面推进，人民生活持续改善。中国继续开展全方位外交，加强同各国的交流合作，积极参与解决国际和地区热点问题，为世界和平与发展作出了新的贡献。

[3]2012年，是中国发展进程中具有重大而深远意义的一年。前不久召开的中国共产党第十八次全国代表大会和十八届一中全会，描绘了全面建成小康社会和深化改革开放的宏伟蓝图，顺利实现了中国共产党中央领导机构新老交替。当前，中国各族人民正紧密团结在以习近平同志为总书记的党中央周围，万众一心，锐意进取，为全面建成小康社会而奋斗。

[4]2013年，中国政府和人民将高举中国特色社会主义伟大旗帜，坚持以科学发展为主题、以转变经济发展方式为主线，继续把握好稳中求进的工作总基调，全面推进改革开放和社会主义现代化建设，为实现党的十八大确定的目标任务开好局、起好步。我们将坚定不移贯彻“一国两制”、

“港人治港”、“澳人治澳”、高度自治方针，深化交流合作，促进香港、澳门长期繁荣稳定。我们将继续推动两岸关系和平发展，造福两岸同胞，维护中华民族根本利益。

[5]当前，国际形势继续发生深刻复杂变化。和平、发展、合作、共赢是各国人民的共同愿望，各国相互依存日益紧密。同时，国际金融危机影响深远，世界经济低速增长态势仍将延续，一些国家和地区动荡不安，世界仍然很不安宁。

[6]人类只有一个地球，各国共处一个世界。世界和平与发展需要各国人民同舟共济、共同推进。中国人民始终是促进世界和平与发展的坚定力量。无论国际风云如何变幻，中国人民走和平发展道路的坚定决心决不会动摇。中国将一如既往在和平共处五项原则的基础上积极发展同各国的友好合作，积极推动采用和平方式妥善解决国际和地区热点问题，努力促进世界经济强劲、可持续、平衡增长，发挥负责任大国作用。

[7]我相信，只要遵循各国人民意愿、顺应世界发展潮流，大家共同努力，就一定能把世界和平与发展的崇高事业不断推向前进，就一定能把各国人民福祉不断提高到新的水平。

[8]最后，我从北京祝大家在新的一年里幸福安康！

번역문

[1]신사숙녀 여러분, 동지들, 친구들 ! 새해를 알리는 타종이 울리고, 2013년이 다가왔습니다. 중국국제방송국과 중앙인민방송국 그리고 중국중앙 텔레비전방송국을 통해 전국 각 민족인민과 홍콩 특별행정구 동포와 마카오 특별행정구 동포 그리고 대만 동포와 해외 교포, 세계 각국과 각 지역의 친구들을 향해 새해인사를 전할 수 있게 되어 기쁩니다.

[2]2012년은 중국이 개혁·개방과 현대화 건설부문에서 좋은 성과를 거둔 한해였습니다. 중국 인민이 한마음으로 힘을 모아 어려움을 극복함으로써 경제는 안정적 발전을 이루었으며, 각 부문의 사업을 전면적으로 추진했고, 인민생활은 지속적으로 개선되었습니다. 중국은 지속적으로 각 방면의 외교를 확대하고, 해외 각국과의 교류와 협력을 강화하였습니다. 또한 국제와 지역의 포커스 문제에 대해 적극적으로 참여하여 해결하고, 세계의 평화와 발전을 위해 새로운 공헌을 하였습니다.

[3]2012년은 중국 발전사에 있어 중대하며 깊은 의미를 가진 한해입니다. 앞서 개최한 중국공산당 제 18차 전국대표대회와 제 18차 일중전회에서는 전면적인 소강사회의 건설과 개혁·개방의 강화에 대한 장대한 청사진을 그렸으며, 중국공산당 중앙 지도자 기구의 세대교체를 순조롭게 이루어냈습니다. 현재 중국 각 민족의 인민들은 시진핑 동지를 총서기로 하는 당중앙 주위로 긴밀하게 단결 되어 있으며, 모두가 한마음이 되어 적극 노력하며, 전면적인 소강사회의 건설을 위해 고군분투하고 있습니다.

[4]2013년 중국정부와 인민은 중국특색 사회주의의 위대한 깃발을 추켜세우고, 과학발전을 주된 과제로 하고, 경제발전의 방식전환을 주된 방향으로 하고, 안정적으로 추진시키는 노동의 전반적 기조를 지속적으

로 강조해야 합니다. 또한 개혁·개방과 사회주의 현대화 건설을 전면적으로 추진해야하고, 당의 18개 확정된 목표 임무를 실현하기 위해 성공적인 첫발을 내디뎌야 합니다. 우리는 '한 국가 두 체제', '홍콩인이 통치하는 홍콩', '마카오인이 통치하는 마카오'와 같은 지극히도 자치적인 방침을 확고부동하게 관철시켜야 하며, 합작교류를 강화하고 홍콩과 마카오의 장기적인 번영과 안정을 촉진해야 합니다. 우리는 양안관계의 평화로운 발전을 지속적으로 도모하고, 중국과 타이완 동포를 행복하도록 해야 하며, 중화민족의 가장 주요한 이익을 지켜내야 합니다.

[5]현재 국제형세는 심각하고 복잡한 변화가 지속되는 상황입니다. 평화, 발전, 협력, 모두의 이익(win-win)은 각국 인민의 공통된 소망이며, 각국은 날이 갈수록 더욱 긴밀히 의존하고 있습니다. 동시에 국제금융위기의 영향이 깊어지고, 세계경제는 저속 성장의 형세가 여전히 지속되고 있으며, 일부 국가와 지역은 이에 동요하고 있고, 세계는 여전히 불안정한 상황입니다.

[6]인류에게 지구는 오직 하나뿐이며, 각국은 하나의 세계에서 공존합니다. 세계평화와 발전을 위해 각국인민은 같은 배를 타고 강을 건너야 하며, 함께 나아가야 합니다. 중국 인민은 시종일관 세계평화와 발전을 위해 힘씁니다. 국제적 형세가 어떻게 요동치든 평화적 발전의 길로 나아가고자 하는 중국인의 확고한 결심은 절대 바뀌어서는 안 될 것입니다. 중국은 지난날과 다름없이 평화롭게 공존하기 위한 5가지 원칙의 기초위에서 각국과 함께 우호적인 협력을 위해 적극적으로 노력해야 합니다. 또한 적극적으로 나아가 평화적인 방식을 채택하고, 글로벌과 로컬지역의 포커스 문제를 적절하게 해결해야 합니다. 더 나아가 세계경제가 강력해지고, 지속 가능하고, 균형성장 할 수 있도록 열심히 노력하고, 대국의 역할에 책임을 다해야 합니다.

[7]저는 각국 인민의 염원을 따르고, 세계 발전의 조류에 순응해야지만, 그리고 모두가 함께 노력해야지만 비로소 세계 평화와 발전의 숭고한 사업이 지속될 수 있으며, 각국 인민의 복지를 더 높은 수준으로 신장시킬 수 있다고 믿습니다.

[8]마지막으로 저는 여기 베이징에서 새해에 여러분의 행복과 평안, 건강을 기원 드리는 바입니다.

2012년 12월 31일에 행해진 중국 전 국가주석 후진타오의 신년 연설이다. 본고의 텍스트는 신화망(新华网)에서 배포한 연설문을 기준으로 분석을 진행하였으며, 영상은 유튜브에 업로드된 것을 참고하였다. 연설 소요시간은 약 7분이며, 텍스트는 913개의 한자로 구성되어있고, 총 20개의 단락을 형성하고 있다.

후진타오의 2012년 12월 중국에서 진행되었던 신년연설문을 통해 첫째, 후진타오가 새해인사를 전하는 동시에 세계 각국과 정치경제적으로 어떠한 입장을 취할 것인지 알 수 있다. 둘째, 개혁·개방 이후 미국을 위협할 정도로 경제적으로 눈부시게 성장한 중국이 향후 어떤 대외적인 전략을 가지고 국제질서에 영향을 줄지 예측할 수 있다. 이러한 과정 중에 연사 후진타오가 자신의 주장을 펼치기 위해 어떠한 수사적인 방법을 동원하여 청중을 주목시키고 설득의 효과를 높였는지 착상, 배열, 표현, 발표의 순으로 분석해 본다.

1. 착상

1.1. 수사적 상황

후진타오의 신년 연설(新年贺词)은 2012년 중국이 일궈낸 성과와 업적을 회고함으로써 중국공산당과 중국 인민의 저력을 과시하고, 국제적으로도 원활한 교류관계를 지속할 것을 알리는 데에 그 목적이 있다. 중국의 급속한 경제 성장은 개혁·개방의 심화로 이어져 중국 국내의 빈부격차와 공무원의 부정부패 그리고 부동산 문제 등을 야기했다. 이로 인해 중국은 정치적·경제적 개혁의 필요성이 대두 되었으며, 후진타오는 이러한 어려운 사회·경제적 분위기 속에서 중국정부와 인민에게 실행 목표를 제시하고 공동 발전을 모색하자는 주장을 담아 신년 연설을 진행하였다.

1.2. 연설가 분석

연설가인 후진타오는 마오쩌둥(毛澤東), 덩샤오핑(鄧小平), 장쩌민(江澤民)에 이은 중국의 제 4세대 지도자이다. 그는 1942년 12월 21일 강소성(江蘇省) 태주(泰州)에서 차(茶) 상인의 아들로 출생하였으며, 1965년 청화대학(清華大學)에서 수리공정학부(维修工程本科)를 졸업한 뒤 그해 공산당에 들어감으로써 정치계에 입문하였다. 1992년 10월, 장쩌민(江澤民) 주석의 뒤를 이을 제 4세대 지도자로 지명됐으며, 49살의 나이로 최연소 정치국 상무위원에 올랐다. 이후에 후진타오는 1998년 「전국인민대표대회(全国人民代表大会)」에서 국가 부주석이 되었으며, 1999년에 중앙군사위 부주석으로 임명되었다. 또한 2002년 11월 16차 전국대표대회에서 공산당 총서기로 선출됨으로써 중국 공산당 제 4세대 지도자의 세대교체를 이뤘으며, 2003년 3월 장쩌민 주석의 후임으로 국가주석에 당선되어 당정의 최고 영도자로 부상했다. 이후에 2004년 9월 당 중앙군사위원회 주석을 물려받은 뒤 2005년 3월 국가중앙군사위 주석을 승계함으로써, 최고 통수권자가 됐다. 그리고 후진타오는 2012년 11월 열린 중국 제18차 전국대표대회(18차 당대회)에서 마지막 업무보고를 통해 개혁·개방을 추진한 바 있다. 또한 재임기간 동안 과학발전관(科學發展觀), 평화발전(和平發展), 조화사회(和諧社會)를 주창하였다.

1.3. 연설유형

연설의 유형은 텍스트의 의도에 따라 구분되는데, 후진타오의 연설은 법정연설보다는 식장연설과 정치연설에 가깝다고 할 수 있다. 그 이유는 그의 연설문에서는 사건을 규명한다거나 진실을 밝히려는 요소를 찾기 어려우며, 현재에 주목하여 지난 날 중국이 일궈온 성과와 업적을 제시하고 발전을 모색하도록 청중을 설득하고 있기 때문이다. 또한 지난 2012년 중국의 개혁·개방과 현대화 건설의 성과를 축하하고, 많은 군중이 하나가 되어 세계의 평화와 발전에 큰 공헌을 하였음을 강조하는 내용을 담고 있다는 점에서 그러하다. '지도자의 신년 연설'이라는 외적 상황을 보면 마치 식장연설인 것 같지만, 내용상 청중의 미래 사안에 대해 설득하고 제창하는 면을 본다면 정치연설에 가깝다고 볼 수 있다.

1.4. 논거 찾기

1.4.1. 논리의 전개 및 지향점

논거는 연사의 주장을 뒷받침하는 논리적 근거이다. 논거가 있는 장소를 수사학에서 말터라고 하는데 후진타오의 연설문에도 다양한 말터들이 존재한다. 연설문은 전형적인 기승전결(起承轉結)의 구조를 따르고 있다. 그 구조를 이루는 큰 줄기의 논리적 흐름 사이에 연사의 논리를 뒷받침 해줄 가는 줄기의 다양한 말터들이 존재한다. 우선 연설문의 논리적 흐름을 끌고나가는 큰 줄기인 승구(承句)와 전구(轉句)의 지향점에 대해 살펴보겠다.

연설의 핵심 주장이 전개되는 승(承) 부분에서 두 가지 지향점을 펼쳤는데, 하나는 세계 평화 발전을 위해 중국이 내부적으로 노력해야 한다는 점이고, 둘째는 홍콩/마카오/양안문제가 중화 민족의 근본적인 이익을 지키는 방향으로 전개되어야 한다는 점이다.

1.4.1.1. 첫 번째 지향점

단락[4]

２０１３年，中国政府和人民将高举中国特色社会主义伟大旗帜，坚持以科学发展为主题、以转变经济发展方式为主线，继续把握好稳中求进的工作总基调，全面推进改革开放和社会主义现代化建设，为实现党的十八大确定的目标任务开好局、起好步。

2013년 중국정부와 인민은 중국특색 사회주의의 위대한 깃발을 추켜세우고, 과학발전을 주된 과제로 하고, 경제발전의 방식전환을 주된 방향으로 하고, 안정적인 상태에서의 발전을 하는 기본정신을 지속적으로 강조해야 합니다. 또한 개혁·개방과 사회주의 현대화 건설을 전면적으로 추진해야하고, 당의 18개 확정된 목표 임무를 실현하기 위해 성공적인 첫발을 내디뎌야 합니다.

첫 번째는 중국만의 독특한 사회주의 체제 안에서 과학과 경제 방면의 발전을 통해 현대화 건설을 안정적으로 추진해 나가자는 후진타오의 단호하고 명확한 메시지를 담고 있다. 다음은 홍콩, 마카오 그리고 양안 문제에 대한 주장이 담겨 있는 단락이다.

1.4.1.2. 두 번째 지향점

단락[4]

我们将坚定不移贯彻“一国两制”、“港人治港”、“澳人治澳”、高度自治方针，深化交流合作，促进香港、澳门长期繁荣稳定。我们将继续推动两岸关系和平发展，造福两岸同胞，维护中华民族根本利益。

우리는 '한 국가 두 체제', '홍콩인이 통치하는 홍콩', '마카오인이 통치하는 마카오'와 같은 지극히도 자치적인 방침을 확고부동하게 관철시켜야 합니다. 또한 합작교류를 강화하고 홍콩과 마카오의 장기적인 번영과 안정을 촉진해야 합니다. 또한 우리는 양안관계의 평화로운 발전을 지속적으로 도모하고, 중국과 타이완 동포를 행복하게 해야 하며, 중화민족의 가장 주요한 이익을 지켜내야 합니다.

두 번째에서는 중국 대륙의 통치 범주 안에는 홍콩, 마카오, 대만이 속해 있다는 점을 간접적으로 시사 사면서 이를 위한 중국 인민의 의무와 협조를 당부하고 있음을 볼 수 있다. 승(承) 부분에서 두 가지 핵심 주장(claim)을 보여줬다면 다음으로 전개되는 전(轉) 부분에서는 앞서 주장한 두 가지 실행전략에 대한 수사적 상황에 대하여 설명한다.

단락[5]

当前，国际形势继续发生深刻复杂变化。和平、发展、合作、共赢是各国人民的共同愿望，各国相互依存日益紧密。同时，国际金融危机影响深远，世界经济低速增长态势仍将延续，一些国家和地区动荡不安，世界仍然很不安宁。

현재 국제형세는 심각하고 복잡한 변화가 지속되는 상황입니다. 평화, 발전, 협력, 모두의 이익(win-win)은 각국 인민의 공통된 소망이며, 각국은 날이 갈수록 더욱 긴밀히 의존하고 있습니다. 동시에 국제금융위기의 영향이 깊어지고, 세계경제는 저속 성장의 형세가 여전히 지속되고 있으며, 일부 국가와 지역은 이에 동요하고 있고, 세계는 여전히 불안정한 상황입니다.

단락[6]

人类只有一个地球，各国共处一个世界。世界和平与发展需要各国人民同舟共济、共同推进。中国人民始终是促进世界和平与发展的坚定力量。无论国际风云如何变幻，中国人民走和平发展道路的坚定决心决不会动摇。

인류에게는 지구는 오직 하나뿐이며, 각국은 하나의 세계에서 공존합니다. 세계평화와 발전을 위해 각국인민은 같은 배를 타고 강을 건너야 하며, 함께 나아가야 합니다. 중국 인민은 시종일관 세계평화와 발전을 위해 힘씁니다. 국제적 형세가 어떻게 요동치든 평화적 발전의 길로 나아가고자 하는 중국인의 확고한 결심은 절대 바뀌어서는 안 될 것입니다.

위의 내용처럼 세계 평화와 발전을 위한 중국인의 노력을 촉구하자는 후진타오의 주장을 뒷받침할 상황은 '국제 형세의 변화에 기인한 글로벌 위기 상황도래'이며, 이를 통해 중국은 대국으로써 책임감을 가지고 글로벌 위기에 능동적으로 대처해야 하며, 주변국가와의 우호적 관계 유지 및 중국의 경제적 발전과 현대화가 반드시 수반되어야 한다는 지향점을 이끌어내었다.

1.4.2. 원인과 결과의 말터

단락[2]-1

中国人民同心协力、攻坚克难，中国经济社会发展呈现稳中有进的良好态势，各项事业全面推进，人民生活持续改善。

중국 인민이 한마음으로 힘을 모아 어려움을 극복함으로써 경제는 안정적 발전을 이루었으며, 각 부문의 사업을 전면적으로 추진했고, 인민생활은 지속적으로 개선되었습니다.

단락[2]-2

中国继续开展全方位外交，加强同各国的交流合作，积极参与解决国际和地区热点问题，为世界和平与发展作出了新的贡献。

중국은 지속적으로 각 방면의 외교를 확대하고, 해외 각국과의 교류와 협력을 강화하였습니다. 또한 국제와 지역의 포커스 문제에 대해 적극적으로 참여하여 해결하고, 세계의 평화와 발전을 위해 새로운 공헌을 하였습니다.

단락[2]-1은 중국 인민이 힘을 모아 어려움을 극복하였음을 원인으로 상정하고, 그 결과로 경제발전, 사업추진, 인민생활 개선을 결과로 내세웠다. 또한 단락[2]-2는 중국의 외교확대와 교류협력강화를 원인으로 상정하고, 그로 인해 세계 평화와 발전에 기여한 점을 결과로 설명하였다. 이는 모두 원인을 통한 결과를 제시한 말터로 연사가 연설문의 설득력을 강화하기 위해 사용한 것이다.

1.4.3. 연관성의 말터

연관성의 말터는 두 가지 사실 또는 사건끼리의 연관관계 속에서 논거를 찾아내는 방법이다. 아래 예문은 '중국 공산당의 소강사회 건설을 위한 노력'이 '평화 발전 등을 향한 각국 인민의 소망'에서 비롯된다는 두 연관성 말터 사이에서 논거를 찾고 있다.

단락[3]

前不久召开的中国共产党第十八次全国代表大会和十八届一中全会，描绘了全面建成小康社会和深化改革开放的宏伟蓝图，顺利实现了中国共产党中央领导机构新老交替。

앞서 개최한 중국공산당 제 18차 전국대표대회와 제 18차 일중전회에서 전면적인 소강사회의 건설과 개혁·개방의 강화에 대한 장대한 청사진을 그렸으며, 중국공산당 중앙 지도자 기구의 세대교체를 순조롭게 이루어냈습니다.

단락[5]

和平、发展、合作、共赢是各国人民的共同愿望，各国相互依存日益紧密。

평화, 발전, 협력, 모두의 이익(win-win)은 각국 인민의 공통된 소망이며, 각국은 날이 갈수록 더욱 긴밀히 의존하고 있습니다.

위 단락[3]은 중국공산당의 제18차 전국대표대회와 18회 일중전회가 소강사회 실현의 밑거름이 되었음을 강조하고 있다. 또한 단락[5]는 각국이 합작하여 함께 발전하는 것은 인민의 공통된 소망임을 언급하면서 서로 긴밀하게 의존하고 협력해야 함을 주장하고 있다. 즉, 중국과 세계 각국이 평화 발전을 이루기 위해서는 상호간의 협력관계를 더욱 공고히 해야 한다는 것인데, 긴밀한 중국과 세계의 연관 작용을 기반으로 상생의 목표를 실현시킬 수 있다는 논거를 제시하고 있음을 알 수 있다.

1.4.4. 권위의 말터

권위 있는 사람의 말을 인용하여 자신의 주장에 무게를 싣고 설득력을 더하는 방법이다. 후진타오는 연설문에서 국가주석으로써 본인의 권위와 지위를 이용해 인민에게 국가의 비전을 제시하고 이를 이룩하기 위해 다함께 노력하자고 설득하고 있다.

단락[6]-1

无论国际风云如何变幻，中国人民走和平发展道路的坚定决心决不会动摇。

국제적 형세가 어떻게 요동치든 평화적 발전의 길로 나아가고자 하는 중국인의 확고한 결심은 절대 바뀌어서는 안 될 것입니다.

단락[6]-2

积极推动采用和平方式妥善解决国际和地区热点问题，努力促进世界经济强劲、可持续、平衡增长，发挥负责任大国作用。

적극적으로 나아가 평화적인 방식을 채택하고, 글로벌과 로컬지역의 포커스 문제를 적절하게 해결해야 합니다. 더 나아가 세계경제가 강력해지고, 지속 가능하고, 균형성장 할 수 있도록 열심히 노력하고, 대국의 역할에 책임을 다해야 합니다.

상기 예문의 내용은 국가 통치권자로써 인민들에게 제시하는 일종의 실천과제라고 볼 수 있다. 자신의 국가를 언급하며 대국(大国)이라는 표현을 사용함으로써 스스로의 지위를 높이고, 인민들이 조국에 대해 자부심을 느끼게 함으로써 대국으로써 책임의식을 갖자고 주장하는 대목인데, 이는 설득의 3요소 중 파토스(pathos)를 불러일으키고 있다.

지금까지 후진타오 연설문에 나타난 다양한 말터에 대해 살펴보았다. 그는 국제 정세와 흐름에 대해 언급하며 세계 각국은 모두 관련을 맺고 있기 때문에 중국의 발전은 중국 인민들에게 이익을 가져다 줄 것이며, 세계 평화에도 공헌을 하게 될 것이라고 말한다. 게다가 각국이 더불어 살아가기 위해서는 국가 간에 긴밀한 협력이 필요하며, 이러한 협력은 결국 세계의 경제적인 발전에도 기여하게 된다는 것을 주장하고 있다. 그러나 그의 연설문에서 조약이나 협약 등의 구체적인 방향은 제시하지 않고 있으며, 추상적이며 다소 두루뭉술하게 자신의 의견을 피력하고 있는 점이 아쉬운 부분이다.

2. 배열

배열은 연사가 주장을 설득력 있게 펼치기 위해 연설에 논거들을 어떤 순서로 늘어놓을지 배치하는 작업이다. 후진타오의 연설문은 총 8단락의 22문장으로 구성되어 있는데, 각 단락의 배열구조와 주요내용은 다음과 같다.

표 1. 〈단락별 배열구조 및 내용〉

<table>
<tr><th colspan="2">배열구조</th><th>내용</th></tr>
<tr><td colspan="2">들머리</td><td>[1]국가 지도자로서의 인사말(국가와 민족을 위해)</td></tr>
<tr><td colspan="2">얼거리</td><td>[2]2012년의 성과 및 업적 회고</td></tr>
<tr><td rowspan="4">밝
히
기</td><td rowspan="2">경제발전 및 사회통합</td><td>[3]중국공산당과 인민의 저력 강조</td></tr>
<tr><td>[4]중국정부와 인민의 과제 제시</td></tr>
<tr><td rowspan="2">대내외 간의 통합</td><td>[5]국제의 형세 묘사</td></tr>
<tr><td>[6]세계의 평화와 발전의 모색</td></tr>
<tr><td colspan="2">마무리</td><td>[7]인민복지 향상의 다짐
[8]인민의 평안과 건강의 기원</td></tr>
</table>

2.1. 들머리

들머리는 연설이 시작 부분이다. 이 부분에서 연사는 청중의 호감과 관심을 삼으로써 청중이 연설 내내 연사의 말에 집중하고, 공감하게 만들어야 한다. 후진타오 연설은 신년 연설이기 때문에 들머리는 청중에게 새해인사를 전하는 특징을 갖는다.

단락[1]-1

女士们，先生们，同志们，朋友们。

신사숙녀 여러분, 동지들, 친구들.

단락[1]-2

新年钟声就要敲响，２０１３年即将来临。我很高兴通过中国国际广播电台、中央人民广播电台和中央，向全国各族人民，向香港特别行政区同胞和澳门特别行政区同胞，向台湾同胞和海外侨胞，向世界各国和各地区的朋友们，致以新年的祝福！

새해를 알리는 타종이 울리고, 2013년이 다가왔습니다. 중국국제방송국과 중앙인민방송국 그리고 중국중앙 텔레비전방송국을 통해 전국 각 민족인민과 홍콩 특별행정구 동포와 마카오 특별행정구 동포 그리고 대만 동포와 해외 교포, 세계 각국과 각 지역의 친구들을 향해 새해인사를 전할 수 있게 되어 기쁩니다.

연설에서 호칭의 사용은 청중의 관심을 연사에게 집중시키게 만듦과 동시에 청중으로 하여금 친근한 느낌을 갖게 한다. 또한 호칭을 보면 연설의 대상(audience)이 누군지 명확해 지고, 청중을 존중하는 연사의 진정성을 느낄 수 있다. 후진타오의 연설에도 호칭이 가장 먼저 등장하는데, 연설의 대상을 각각 호칭하는데 적지 않은 시간을 할애하는 것을 볼 수 있다. 이를 통해 청중으로 하여금 연설 내용에 주목시키고, 연설에 대한 관심과 호감을 사는 효과를 얻고 있다.

2.2. 얼거리

얼거리는 연설이 본론으로 들어가기 전에 과거나 미래의 일에 대해 언급함으로써 주위를 환기시키고 포석을 까는 역할을 한다. 또한 본론에서 주장하는 내용에 설득력을 더하고, 논리 구조를 보다 탄탄하게 만드는 기능을 한다. 후진타오의 연설 텍스트에서 얼거리는 한 단락으로 구성되어 있는데, 지난 한 해를 되돌아보고 인민의 성과를 칭찬함으로써 다가올 한 해도 목표 실현을 위해 더 많은 열정을 쏟자고 독려하는 의도가 담겨있다.

단락[2]-1

２０１２年，是中国改革开放和现代化建设取得显著成绩的一年。

2012년은 중국이 개혁·개방과 현대화 건설부문에서 좋은 성과를 거둔 한해였습니다.

단락[2]-2

中国人民同心协力、攻坚克难，中国经济社会发展呈现稳中有进的良好态势，各项事业全面推进，人民生活持续改善。

중국 인민이 한마음으로 힘을 모아 어려움을 극복함으로써 경제가 안정적 발전을 이루었으며, 각 부문의 사업을 전면적으로 추진했고, 인민의 생활은 지속적으로 개선되었습니다.

단락[2]-3

中国继续开展全方位外交，加强同各国的交流合作，积极参与解决国际和地区热点问题，为世界和平与发展作出了新的贡献。

중국은 지속적으로 각 방면의 외교를 확대하고, 해외 각국과의 교류와 협력을 강화하였습니다. 또한 국제와 지역의 포커스 문제에 대해 적극적으로 참여하여 해결하고, 세계의 평화와 발전을 위해 새로운 공헌을 하였습니다.

연사는 개혁·개방과 현대화 건설의 성과를 언급하며 중국 국민들이 한마음으로 협력하여 경제발전은 물론이고 국민들의 복지가 지속적으로 개선되었음을 강조하고 있다. 또한 대외 외교를 확대함으로써 원활한 교류협력을 이루었고, 국제사회의 공통적인 문제점들을 해결하고자 노력하여 세계 평화에 기여했음을 언급하고 있다. 즉, 얼거리의 전체적인 흐름을 볼 때 수많은 어려움을 함께 극복해 온 중국 인민들 덕택에 경제사회적 발전을 이룩하였으며, 국제사회의 공통적인 문제에도 잘 대응하여 왔음을 강조한다. 이는 뒤에 나올 본론에 나올 주요 내용의 실마리를 제공한다.

2.3. 밝히기

밝히기는 다른 말로 벼리(argumentatio)라고도 하며, 연사가 자기의 주장을 펼치기 위해 필요한 핵심 논거들을 배열하는 부분으로, 아리스토텔레스가 주장한 설득의 3요소 중에 로고스(logos)가 가장 잘 반영 되어야 하는 부분이다. 본 연설문에는 총 4단락의 밝히기가 등장하며, 중국정부와 국민의 과제를 제시하고 대내외 간의 통합을 통해 세계의 평화와 발전의 모색할 것을 강조하고 있다. 정치연설문에는 주로 기교적 밝히기가 사용되는데, 이는 논리학의 방법론을 빌린 증명법으로서 수사적 삼단논법(논증법)과 수사적 귀납법(예증법)이 있다. 우선 수사적 삼단논법(논증법)을 살펴보면 다음과 같다.

2.3.1. 수사적 삼단논법

① 경제발전 및 사회통합(논거1)

구분	내용
대전제	中国的发展推动了中华民族的繁荣和复兴。 중국의 발전은 중화민족의 번영을 가져올 것이다.
소전제	中国目标的实现推动了中国的发展。 중국의 목표실현은 중국의 발전을 가져다 줄 것이다.
결론	中国目标的实现推动了中国民族的繁荣与复兴。 중국의 목표실현은 중국민족의 번영과 부흥을 가져다 줄 것이다.

② 대내외 간의 통합(논거2)

구분	내용
대전제	世界和平发展，国际形势才能不动摇。（稳定） 세계가 평화롭게 발전해야만 국제정세가 흔들리지 않는다.
소전제	世界各国紧密相依，世界才能和平。 세계 각국이 긴밀히 의존해야만 세계가 평화로울 수 있다.
결론	只有世界各国的紧密相依，国际形势才能不动摇。 세계 각국이 긴밀히 의존해야만 국제정세가 흔들리지 않는다.

논증법은 그 전제의 신빙성이 높을수록 결론의 신빙성도 높아진다. 중국의 발전은 중화민족의 번영을 가져다 줄 것이라는 대전제와 중국의 목표실현은 중국의 발전을 가져다 줄 것이라는 소전제의 확실성에서 중국의 목표실현은 중국민족의 번영을 가져다 줄 것이라는 결론을 이끌어내고 있다. 세계의 평화로운 발전과 세계 각국의 긴밀한 의존의 개연성을 밝히는 부분에서도 마찬가지로 수사적 논증법이 사용되고 있음을 알 수 있다. 다음은 귀납법을 통해 세계 평화와 발전 모색의 필요성을 밝히는 부분이다.

2.3.2. 귀납법

여러 가지 사실에서 벌어지는 현상을 관찰하여 그 속에서 일반적인 결론을 도출해 내는 방법이다. 후진타오의 연설문에도 이러한 귀납법이 적용된 사례를 찾아볼 수 있는데, 세계 각국의 상호 협력의 필요성과 당위성을 효과적으로 설명하고자 사용되었다.

구분	내용
현상①	当前，国际形势继续发生深刻复杂变化. 현재 국제형세는 심각하고 복잡한 변화가 지속되는 상황입니다.
현상②	和平、发展、合作、共赢是各国人民的共同愿望，各国相互依存日益紧密。 평화, 발전, 협력, 모두의 이익(win-win)은 각국 인민의 공통된 소망이며, 각국은 날이 갈수록 더욱 긴밀히 의존하고 있습니다.
현상③	同时，国际金融危机影响深远，世界经济低速增长态势仍将延续，一些国家和地区动荡不安，世界仍然很不安宁。 동시에 국제금융위기의 영향이 깊어지고, 세계경제는 저속 성장의 형세가 여전히 지속되고 있으며, 일부 국가와 지역은 이에 동요하고 있고, 세계는 여전히 불안정한 상황입니다.

구분	내용
결론 귀납	人类只有一个地球，各国共处一个世界。世界和平与发展需要各国人民同舟共济、共同推进。 인류에게는 지구는 오직 하나뿐이며, 각국은 하나의 세계에서 공존합니다. 세계 평화와 발전을 위해 각국인민은 같은 배를 타고 강을 건너야 하며, 함께 나아가야 합니다.

위에서 볼 수 있듯이 현재 국제 상황에 대한 여러 가지 현상(①~③)을 나열한 뒤 이를 통해 인류는 한 지구에 살고 있는 공동체라는 일반적인 결론을 귀납해 냈다. 다시 말해 귀납해 낸 결론은 연사가 주장하는 내용이며, 주장을 뒷받침 하는 근거로 여러 가지 국제 상황을 나열한 것이다. 때문에 귀납법은 주장하는 내용에 타당성을 높이고 설득 효과를 배가시키려는 목적으로 사용된 것이다.

2.4. 마무리

연설의 종결부인 마무리는 단락[7]과 [8]이 해당된다. 인민 복지 향상의 다짐과 인민의 평안과 건강의 기원의 내용으로 이어지는 마무리의 구성은 전체적인 내용 요약과 함께 짧지만 강한 여운을 남긴다.

단락[7]

我相信，只要遵循各国人民意愿、顺应世界发展潮流，大家共同努力，就一定能把世界和平与发展的崇高事业不断推向前进，就一定能把各国人民福祉不断提高到新的水平。

각국 인민의 염원을 따르고, 글로벌 발전의 조류에 순응하고, 모두가 함께 노력해야지만 비로소 세계 평화와 발전의 숭고한 사업이 지속될 수 있으며, 각국 인민의 복지를 더 높은 수준으로 신장시킬 수 있음을 저는 믿습니다.

단락[8]

最后，我从北京祝大家在新的一年里幸福安康！

마지막으로 저는 여기 베이징에서 새해에 여러분의 행복과 평안, 건강을 기원 드리는 바입니다.

위의 단락[7]의 내용을 살펴보면 '각국 인민의 염원', '세계발전의 흐름에 순응', '세계평화', '숭고한 사업', '인민 복지' 등의 표현을 사용함으로써 이제 까지 나온 연설문 내용의 핵심을 요약하는 종결 방식이다. 이는 중요 내용을 다시 한 번 상기시키며 인민들의 동참을 호소하는 효과를 갖는다. 또한 단락[8]은 새해의 축복을 기원하는 짧은 메시지로 구성되어 연설의 마침을 알리고 청중에게 연설의 여운을 남기는 역할을 한다.

3. 표현

3.1. 어휘

연설문에 사용한 단어의 출현 빈도를 살펴보면 연사의 연설 의도를 파악할 수 있다. 출현 빈도가 높은 어휘일수록 연설의 주제와 관련이 깊고 연사가 강조하는 연설 포인트를 쉽게 캐치할 수 있다. 후진타오의 연설문에 출현 빈도가 높게 나타난 상위 10개의 어휘를 집계해본 결과 다음과 같다.

표2. 〈주요 어휘 별 출현 횟수〉

No	어휘	횟수	No	어휘	횟수
1	中国(중국)	14	6	合作(협력)	4
2	发展(발전)	13	7	改革开放(개혁개방)	3
3	人民(인민)	12	8	现代化(현대화)	2
4	世界(세계)	10	9	小康社会(소강사회)	2
5	和平(평화)	9	10	交流(교류)	2

출현 횟수가 높은 1위부터 5위까지의 어휘는 中国(중국)〉发展(발전)〉人民(인민)〉世界(세계)〉和平(평화)의 순으로 나타났다. 이를 통해 '중국과 인민의 발전 그리고 세계의 평화'라는 연설문의 핵심 메시지를 뽑아낼 수 있다. 그밖에 '合作(협력)', '交流(교류)' 등의 어휘를 통해 중국과 세계의 협력을 통한 공동의 발전과 이익, 그리고 改革开放(개혁개방), 现代化(현대화), 小

康社会(소강사회) 등을 통해 후진타오가 주력하는 중국의 발전과제에 대해 짐작해 볼 수 있다. 이외에도 交流合作(교류합작), 友好合作(우호합작), 和平发展(평화발전), 世界和平与发展(세계평화와 발전), 共同愿望(공통희망), 共同推进(공통추진), 相互依存(상호의존) 등의 비슷한 의미를 지닌 어휘를 연속적으로 사용하는 것으로 나타났는데, 이를 통해 평화와 발전을 위한 중국과 세계의 공통된 노력이 강조되고 있음을 알 수 있다.

3.2. 수사법

후진타오의 연설문에는 다양한 수사법이 등장한다. 연설문에서 수사법은 전달하고자 하는 의미를 더욱 명확히 표현하고, 어세를 강조하고, 주의를 환기시키는 등 다양한 목적을 위해 사용한다. 연사는 연설의 목적과 표현하고자 하는 대상에 따라 가장 효과적인 수사법을 적재적소에 사용하여 언어표현에 생명력을 불어넣고 연설의 설득력을 높인다. 본 연설문에는 배비(排比)와 연용(联用), 차유(借喻), 대우(對偶) 등의 수사법이 출현하였는데 다음의 예문을 통해서 살펴보도록 하겠다.

3.2.1. 배비(排比)와 연용(联用)

배비란 세 개 혹은 세 개 이상의 구조가 같거나 유사한 단어나 문장으로 관련이 있는 내용을 표현하는 중국 수사법이다. 아래 예문을 살펴보면 배비가 적용된 문장에 연용이 동시에 사용된 것을 알 수 있는데, 연용은 두 개 이상의 의미가 관련되고 구조가 같거나 유사하고 어기가 일치하는 어휘를 열거하는 수사법이며, 우리말 수사법의 열거(列擧)에 해당된다. 연사는 연설의 대상(audience)을 하나하나 일일이 호명하는데, 배비와 연용의 수사법을 종합하여 사용하였다.

단락[1]

我很高兴通过中国国际广播电台、中央人民广播电台和中央，向全国各族人民，向香港特别行政区同胞和澳门特别行政区同胞，向台湾同胞和海外侨胞，向世界各国和各地区的朋友们，致以新年的祝福！

중국국제방송국과 중앙인민방송국 그리고 중국 중앙텔레비전방송국을 통해 전국 각 민족인민과 홍콩 특별 행정구 동포와 마카오 특별 행정구 동포 그리고 대만 동포와 해외 교포, 세계 각국과 각 지역의 친구들을 향해 새해인사를 전할 수 있게 되어 기쁩니다.

위의 예문을 살펴보면 '向A和B(A와 B를 향하여)'라는 구조가 세 차례 반복 된 것을 볼 수 있다. 또한 연설의 대상이 되는 全国各族人民(전국 각 민족인민), 香港特别行政区同胞(홍콩 특별 행정구 동포), 澳门特别行政区同胞(마카오 특별 행정구 동포), 台湾同胞(타이완 동포), 海外侨胞(해외 교포), 世界各国(세계각국), 各地区的朋友们(각 지역의 친구들)을 배비의 구조 안에서 열거시키면서 연설의 대상이 되는 각 청중들로 하여금 연설에 주목하게 하는 효과를 얻었다. 이는 배비와 연용의 종합적 사용으로 여러 개의 청중 그룹을 일일이 호칭하는데 있어 차분하고 정돈된 느낌을 전달하는데 도움을 주고 있다.

3.2.2. 차유(借喩)

차유는 우리말 수사법의 환유(換喩)에 해당되는 중국 수사법의 명칭이다. 이것은 한 사물이나 개념에 대해 그것과 연관되어 있는 속성을 빌려 말하는 수사법을 말한다. 은유(隱喩)와 달리 차유는 인간의 경험에 뿌리를 두고 있기 때문에 일상적인 대화와도 아주 깊은 연관을 맺고 있다. 연사는 차유를 통하여 자신의 주장을 강조하고 있다.

단락[3]

前不久召开的中国共产党第十八次全国代表大会和十八届一中全会，描绘了全面建成小康社会和深化改革开放的宏伟蓝图，顺利实现了中国共产党中央领导机构新老交替。

앞서 개최한 중국공산당 제 18차 전국대표대회와 제 18차 일중전회에서는 전면적인 소강사회의 건설과 개혁·개방의 강화에 대한 장대한 청사진을 그렸으며, 중국공산당 중앙 지도자 기구의 세대교체를 순조롭게 이루어냈습니다.

단락[4]

２０１３年，中国政府和人民将高举中国特色社会主义伟大旗帜，坚持以科学发展为主题、以转变经济发展方式为主线，继续把握好稳中求进的工作总基调。

2013년 중국정부와 인민은 중국특색 사회주의의 위대한 깃발을 추켜세우고, 과학발전을 주제로 하고, 경제발전의 방식전환을 주된 방향으로 하고, 안정적으로 추진시키는 노동의 전반적 기조를 지속적으로 강조해야 합니다.

후진타오의 연설문에서 차유는 총 2번 등장한다. 첫 번째는 위의 단락 [3]에 등장한 '宏伟蓝图(장대한 청사진)'인데, 청사진의 실제 의미는 건축에서 도면을 복사하는데 사용하는 청색 사진이지만 여기서는 미래에 대한 희망적인 계획이나 구상을 의미하고 있다. 두 번째는 단락[4]에 등장하는 '社会主义伟大旗帜(사회주의의 위대한 깃발)'이라는 표현인데, 깃발의 본래 의미는 깃대에 달린 천이나 종이로 된 부분을 뜻하지만 여기서는 사회주의의 사상이나 이념을 가리키는 비유적 표현으로 쓰였다. 이렇게 차유를 통해 연사는 자신이 주장하는 바를 좀 더 강하게 청중에게 인식시키고 기억하게 하는 효과를 얻었다.

3.2.3. 대우(對偶)

대우는 우리말 수사법의 대구(對句)에 해당되며, 두 개의 글자 수와 구조가 동일한 문장을 사용하여 서로 연관되거나 상반된 의미를 표시하는 수사법이다. 이를 통해 문장에 안정감을 주고 어세를 강조하는 효과를 얻는다. 후진타오는 연설문에서 홍콩과 마카오의 자치적인 통치 정책을 설명하기 위해 대구법을 활용하였다.

단락[4]

我们将坚定不移贯彻"一国两制"、"港人治港"、"澳人治澳"、高度自治方针，深化交流合作，促进香港、澳门长期繁荣稳定。

우리는 '한 국가 두 체제', '홍콩인이 통치하는 홍콩', '마카오인이 통치하는 마카오'와 같은 지극히도 자치적인 방침을 확고부동하게 관철시켜야 하며, 합작교류를 강화하고 홍콩과 마카오의 장기적인 번영과 안정을 촉진해야 합니다.

위 단락[4]는 "港人治港(홍콩인이 통치하는 홍콩)"과 "澳人治澳(마카오인이 통치하는 마카오)"는 서로 대구를 이루는 문장이다. 앞뒤 문장의 글자 수가 네 글자로 동일하며, '사람+治(통치하다)+국가'와 같은 동일한 구조가 두 번 연속해서 출현한다. 때문에 이는 대우에 해당되는 수사법이고, 이를 통해 청중에게 주장하는 바를 강하게 인식시키고 내용을 쉽게 기억시켰다.

4. 발표

4.1. 언어적 요소

후진타오는 장쑤성(江蘇省) 타이저우(泰州) 출신이기 때문에 그의 억양에 방언의 어조가 다소 묻어 나오지만 연설의 내용을 전달하는데 크게 영향을 주는 정도는 아니다. 연설하는 내내 그의 목소리 톤에는 별다른 변화가 없으며 보통 남성의 중간 톤보다 약간 높은 톤인데 청중들이 편안히 듣기에 무리가 없다. 말의 속도는 느리거나 빠르지 않게 적당 하며, 연설 중간에 적절한 휴지를 함으로써 청중들에게 연설의 내용을 명확하게 전달하도록 노력 하였다. 또한 말에 강약을 적절하게 줌으로써 연설의 핵심 내용을 청중이 쉽게 인지할 수 있게 하였다.

4.2. 비언어적 요소

신년 연설이라는 석상에 맞추어 후진타오의 옷차림은 흰 와이셔츠에 중국을 상징하는 듯한 붉은 색 계통인 자주색 넥타이를 착용하였으며, 검은색 정장 착용으로 깔끔한 이미지를 보여주고 있다. 또한 그의 헤어스타일은 2:8의 가르마로 단정함을 더해주고 있다. 후진타오의 연설은 직접 청중 앞에 나서서 하는 것이 아니라 카메라를 통해 녹화 중계되는 것이기 때문에 표정이나 퍼포먼스가 과장되지 않고 차분하고 안정적인 느낌을 전달한다. 또한 그는 들고 나온 연설문을 보면서 읽지 않고 카메라 방향에 놓인 프롬프터를 보고 말함으로써 직접 청중을 보고 말하고 있진 않지만 연설 내내 청중들과 눈을 마주치고 같이 호흡하고 있는 듯한 효과를 주고자 하였다. 또한 후진타오는 연설하는 중에 손동작과 같은 특별한 몸짓을 사용하지는 않았는데, 이는 신년 연설이라는 다소 형식적이고 무게 있는 자리를 감안한 것으로 보인다.

연설문 출처

텍스트 - http://www.zj.xinhuanet.com/newscenter/InAndAbroad /2012-12/31/c_114219353.htm

동영상 - https://www.youtube.com/watch?v=58Qcsn3bt18

III
기업인의 연설

1. 레이쥔(雷军)
– TV 프로그램『一刻演讲』 연설(2013)

주제

당신의 꿈은 무엇입니까?(你的梦想是什么呢？)

레이쥔은 샤오미(小米)라는 스마트폰과 소형 디지털 가전을 개발하고 판매하는 중국 IT업체의 창업자이다. 사업자로써 크게 성공한 레이쥔의 연설텍스트를 분석하여 그가 청년들에게 본인의 성공 스토리를 소개하고 꿈을 실행에 옮기라고 조언하는데 있어서 어떠한 수사적 방법을 사용하였는지 알아 보고자 한다.

본 연설의 내용은 '대륙의 실수'라 불리던 샤오미가 어떻게 삼성과 애플을 위협하는 존재로 부상할 수 있었는지 레이쥔의 성공 스토리를 토대로 구성되어있다. 연설 동영상의 출처는 酷6(www.ku6.com)이며 텍스트 출처는 励志网(www.201980.com)이다. 연설 동영상의 소요시간은 17분이며 레이쥔의 연설 텍스트는 총 3,306개의 단어, 19개의 단락으로 구성되어있다.

연설문 원문

[1]大家好，非常感谢在“一刻演讲”跟大家交流，这么一个大的话题。昨天我在乌镇参加了全球互联网峰会，在这个会议上有马云，也有苹果公司的高级副总裁，主持人抛出了一个问题，说雷军你说你有一个目标，要用5到10年的时间做智能手机市场风格全球第一。我忙着点头，我的确说过，但是他们又问我，他去问苹果公司的高管，说你怎么看?这个苹果公司的高管也很厉害，他说“easy to say hard to do”，我英文很差，正好我听懂了。

[2]在那一刻我觉得很尴尬，主持人说雷军你怎么想?那一瞬间我非常非常的尴尬，我冷静了一下，我说马云在阿里巴巴上市的那一刻说过一句话，梦想还是要有的，万一实现了呢?我的演说水平远远没办法跟马云相比，马云的号召力和演说水平，我是望尘莫及。除了我湖北普通话之外，我觉得我作为一个技术和理工科的人来说，跟他的口才比不了，因为马云也是毕业于非常非常有名的名校，不亚于北京大学，叫杭州师范大学，专门培养老师的，真的比我能说。

[3]尤其是我听说了马云还讲过，像他这样的人都能成功的话，80%的中国人都可以成功，听得我们每个人都热血沸腾，他说我高考几次落榜，好不容易上了杭州师范大学，还找不到工作。马云今天有资格讲这个话，讲得也特别震撼，每一个，尤其每一个屌丝都渴望像马云一样逆袭。

[4]讲完马云这句名言以后，我又补了一段话，我说4年多前，小米刚刚创业，在中关村[-1.20% 资金 研报]十来个

人、七八条枪要去做手机，有谁相信我们能赢呢?手机这个行业是刀山火海，前面有三星、有苹果，后面有联想、有华为，我们看到摩托罗拉不行了，诺基亚也不行了，黑莓也不行了，连htc也不行了，最近索尼也不行了，这个市场竞争极为激烈。一个正常人想到智能手机，就觉得这个市场竞争很激烈。

[5]三年前，我们产品刚刚发布，仅仅用了三年时间，谁又想过这十来个人的小公司，用了不到三年时间，有苹果、有三星、有华为、有联想这样的市场里面，杀到了全中国第一、全球第三。当我们今天有这样的业绩，有这样的起跑线，我觉得我们总应该有这一点点梦想，用5到10年时间杀到全球第一吧。所以梦想还是要有的。4年前我梦想的动力源[0.41% 资金 研报]于哪里呢?

[6]其实办小米对我来说是一个很难很难的事情，为什么呢?是因为我在办小米之前，我有幸参与了金山软件[0.00%]的创办，今天我依然是金山软件的董事长和大股东，而且我还有幸的办过一个电商公司叫卓越网，应该来说我的人生也足够了。在ipo之后，我退休了，还干了三四年投资，而且做天使投资，业绩还不错，绝对能进入中国天使投资界的第一排系列，肯定没问题。

[7]你说做投资总不用天天这么操心吧，是什么样的动力使我下定决心去干这么累的一件事情呢?这件事真的很累。我在那个阶段，在我做天使投资，在我从金山退休的那个阶段，我有天晚上从梦中醒来，我问了我自己一个问题，我40岁了，在别人眼里功成名就，已经退休了，还干着人人都很

羡慕的投资。我还有没有勇气去追寻我小时候的梦想，我觉得岁数越大，谈梦想越难，我觉得大家现在都是最有梦想的时候，你们到了40岁的时候，还有梦想吗?面对残酷的现实，还有几个人能笑对今天、笑对明天呢?

[8]我当时问我自己，我还有没有勇气去试一把?这么试下去风险很高，有可能身败名裂，有可能倾家荡产，而且更重要的是，我在别人眼里已经是个成功者，我需要冒那么大的风险去做这么艰难的一件事情吗?其实我真的犹豫了半年时间，最后我觉得这一种梦想激励我自己一定要去赌一把，我说只有这样做，我的人生才是圆满的，至少当我老了的时候，我还可以很自豪的说，我曾经有过梦想，我曾经去试过，哪怕输了。所以我最后下定了决心，办了小米，办小米刚开始，我认为我100%会输，我想的全部是我怎么死，我真的很庆幸，我们竟然只有了三年，完成了一个令我自己都无法相信的结果。

[9]那么我的梦想是什么?我为什么会有这样的梦想?是因为我跟大家同样岁数的时候，在我18岁的那一年，曾经青春年少，无意之中在图书馆里看了一本书，改变了我的一生，那是我大学一年级第一个学期，我在武汉大学的图书馆里面看了一本书，这本书叫《硅谷之火》，那是1987。这本书讲述的是70年代末、80年代初，那些硅谷的英雄创业的故事，其中主要的篇章就是讲苹果乔布斯的，书中说乔布斯在70年代末、80年代初，代表着美国式的创业。

[10]我记得90年代的时候，比尔・盖茨而成功的时候，比尔・盖茨讲说我不过是乔布斯第二而已。乔布斯在80年代就

已经如日中天，当时看了这本书激动的我自己心情久久难以平静，我清晰的记得看完这本书以后，我在武汉大学的操场上沿着400米的跑道走了一天又一天，走了好几个通宵，我怎么能塑造与众不同的人生。我想在我们中国这个土壤上，我们能不能像乔布斯一样，办一家世界一流的公司，我觉得只有这样你才无愧于你的人生，才会使你自己觉得人生是有价值、有意义、有追求的。

[11]当然，在二十六七年前的中国，条件比今天差很多，要做点事情远没有今天容易，有这样的梦想，easy to say hard to do，当我有这样的梦想以后，我认为放到语言上是没有用的，怎么能落实到实际的学习和工作中。我当时给我制订的第一个计划，在二十六七年前，两年修完大学所有过程。

[12]我真的是武汉大学在80年代不多的两年修完所有课程的人，而且我绝大部分的成绩应该都是年级第一，几乎所有专业课程。我记得我两年修完了成绩，在我们同学里面排到第六，我们全年级100多人。所以怎么能够落实到第一个梦想，我能够在一个赛道上把学习弄好，因为我认为你还是要有基本功的沉淀，有了第一个基本功的沉淀，我们又给出了第二个目标，大家说你没有本事在一级学报上发表论文，我用两年时间，在我大二的时候，在一级学报上发表了论文。

[13]所以有梦想是件简单的事情，关键是有了梦想以后，你能不能把这个东西付诸实践，你怎么去实践，你怎么给自己设定一个又一个可行的目标。当然，有了这样的目标还是不够的，因为要成功还不是一件简单的事情，他需要你长时间的坚忍不拔、百折不挠。

[14]就像我自己，到了我40岁退休以后，我还有没有勇气去试一把，所以非常感谢一刻演讲给了我这个机会。今天我可以很自豪的跟大家分享，我在40岁的时候，没有忘记我18岁的梦想，我去试了。虽然我知道今天的小米说成功为时过早，谈击败苹果为时过早，但是梦想总是要有的，万一实现了呢?

[15]我比大家大概大两轮的年纪，20多岁，我也跟很多年轻人经常交流梦想，我自己特别特别喜欢的一句话叫“人因梦想而伟大”，在21日下午开会讨论的时候，还有人说这是美国哪个总统讲的，我说我抄来的。我觉得我们每一个人，只要你有了梦想，你就变得与众不同。周星弛也讲过一句名言，叫人没有梦想，和咸鱼有什么差别。所以你关键要有梦想，有了梦想，是你迈向成功的第一步，有了第一步以后，你一定要为自己的梦想去准备各种坚实的基础。

[16]那么谈到梦想的实现，我最近还有一句话挺出名的，也是我抄来的，叫“台风来的时候，猪都会飞”，听说过吗?你要成功了，要找台风口，当台风飞过来的时候，猪都可以飞。你想是猪都可以飞，当然了，这个话我其实想表达两层的意思，尤其是给在座的同学们，我觉得第一个，没有坚实的基本功，没有勤奋是成功不了的。我觉得第二点，有了勤奋，有了坚实的基础，也不一定能成功，还需要什么呢? 还需要台风口。还需要把握这个大的发展机遇，把这个机遇把握好，抓住这个机会，你才有机会成功。

[17]那么小米把握的是什么机会呢?为什么这个台风这么厉害呢?其实小米精准的踏到了智能手机换机的时间点，诺基

亚不行了，苹果刚刚起来，小米应运而生，用了一套全新的模式，在短短的三年时间里面成了中国第一。其实整个成长速度远超想象，小米三年做下来，今年大概有多大的规模呢?今年大概销售6,500万只手机，营业额大概会在700亿人民币到800亿人民币，这是一个三四年的创业公司。这个应该已经创造了全球的奇迹，这背后是什么呢?

[18]这背后是坚实的基本功和非常好、非常好的对时机的把握。所以我自己工作了20多年，我对各位同学们的建议就是，我觉得第一条要有梦想，第二条要设定step by step的努力的目标，要制订阶段性的目标，不要着急。第三点就是要重视机遇的重要性，我觉得很聪明的一些同学都觉得聪明加勤奋天下无敌，其实仅有聪明和勤奋是远远不够的，怎么把握时代的机遇，怎么在大方向上正确，我觉得这点也非常关键。

[19]今天的一刻演讲，我就讲到这里，谢谢大家!

번역문

[1] 여러분 안녕하세요, '15분 연설'에서 이렇게 큰 주제로 여러분과 소통할 수 있게 되어 정말 감사하게 생각합니다. 어제 저는 우전에서 열린 '세계 인터넷 회담'에 참여했습니다. 마윈과 애플의 부사장도 참석한 이 회의석상에서 진행자가 저에게 질문을 하나를 던졌습니다. "레이쥔 당신에게 목표가 하나 있다고 했지요? 5~10년 내에 전 세계 스마트폰 시장에서 1등을 하겠다는 거요." 저는 다급히 고개를 끄덕였습니다. 제가 분명 말한 적이 있었거든요. 그러자 그는 애플의 부사장에게 "어떻게 생각하시나요?"라고 물었습니다. 애플 부사장도 만만치 않았습니다. 그는 "말은 쉽지만 행동하긴 어렵지요."라고 답했습니다. 제 영어실력이 나쁘긴 하지만 이 말은 알아듣겠더군요.

[2] 그 순간 저는 매우 당혹스러웠습니다. 진행자는 제게 "어떻게 생각하시나요?"라고 되물었고, 그 순간 저는 더더욱 난감했습니다. 저는 진정한 뒤 이렇게 말했습니다. "마윈이 알리바바를 출시할 때에 이런 말을 한 적이 있습니다. 꿈은 그래도 있어야 합니다. 혹시 실현될 지도 모르기 때문이지요." 제 연설 능력은 마윈과 비교할 수 없습니다. 저는 마윈의 호소력과 연설 능력의 발밑에도 미치지 못합니다. 제가 호북성 보통화를 사용한다는 것 외에 저는 기술을 전공하는 이공계생으로써 마윈의 말을 따라갈 재주가 없습니다. 왜냐하면 마윈은 매우 유명한 명문대를 졸업했기 때문입니다. 북경대학에 밀리지 않는 항저우사범대학이라는 곳은 전문적으로 선생님을 양성하는 곳으로 그는 분명 저보다 말솜씨가 좋습니다.

[3] 더욱이 마윈이 이런 말을 한 것을 들은 적이 있습니다. "저 같은 사람도 성공할 수 있다면, 80%의 중국인이 성공할 수 있는 것입니다." 듣고

있는 우리 모두는 열정이 끓어올랐습니다. 그는 대학 입학시험에 몇 번이나 낙방하고 어렵게 항주사범대학에 입학했으며 일자리 또한 찾지 못했다고 했습니다. 이 때문에 오늘날 마윈이 이런 이야기를 할 자격이 있는 것이며, 이 이야기는 사람들에게 굉장한 감동을 줍니다. 모든 사람들이, 특히 여러 실패를 경험한 자들이 마윈처럼 삶이 역전될 수 있길 고대하고 있습니다.

[4] 마윈의 명언을 언급한 후에 저는 약간의 말을 보충했습니다. 4년 전쯤에 샤오미가 막 창업했을 때, 중관촌에서[-1.20% 자금 연구보고] 십여 명의 직원이 7~8개의 기술로 핸드폰을 만든다고 했을 때 과연 누가 우리가 이길 수 있을 거라고 믿었을까요? 핸드폰 업계는 매우 위험천만한 곳입니다. 앞에는 삼성, 애플이 있고 뒤에는 리엔시앙, 화웨이가 버티고 있습니다. 우리는 모토로라가 실패하고, 노키아가 실패하고, 블랙베리가 실패하고, htc가 실패하고, 최근에는 소니가 실패하는 것까지 봐왔습니다. 핸드폰 시장은 경쟁이 매우 치열합니다. 보통사람들도 스마트폰을 떠올렸을 때, 이 시장이 매우 치열하다고 생각할 것입니다.

[5] 3년 전, 샤오미의 제품이 시장에 첫 출시되었습니다. 고작 3년이라는 시간 동안 어느 누가 10명 정도로 구성된 작은 회사가 3년도 채 되지 않아서 애플, 삼성, 화웨이, 리엔시앙이 있는 이 시장에서 국내 1위, 세계 3위가 될 것이라 생각했을까요. 오늘날 이러한 업적이 있는 것, 이런 출발점이 있었던 것은 제 생각에 꿈이 있었기 때문에 가능한 것이었습니다. 5~10년 만에 세계1위가 되는 꿈이요. 그래서 역시 꿈은 있어야 합니다. 4년 전 제 꿈의 원동력[0.41% 자금 연구보고]은 어디서 나왔을까요?

[6] 사실 샤오미 창립은 제게 매우 어려운 일이었습니다. 왜냐고요? 샤오미 창립 전 저는 운 좋게 킹소프트사[0.00%]의 창업에 참여할 수 있었습니다. 현재 저는 여전히 킹소프트사의 대표이사이자 대주주입니다.

또한 저는 운이 좋게 'joyo.com(amazon china의 예전 명칭)'이라는 전자 상거래 회사를 차릴 수 있었습니다. 때문에 제 인생은 이미 충분히 성공했다고 말할 수 있었죠. ipo(주식 공개상장)를 한 후에 저는 은퇴했습니다. 그리고 3~4년 정도 더 투자를 했죠, 엔젤투자를요. 성과도 나쁘지 않아서 중국 엔젤투자업계에서 1위에 진입하는 것도 분명 문제없었을 겁니다.

[7] 사실 투자라는 것이 이렇게 매일매일 걱정할 필요가 없는 일이죠. 그런데 어떠한 에너지가 저로 하여금 이렇게 힘든 일을 할 결정을 하게 했을까요? 이 일은 정말로 힘듭니다. 제가 그 무렵쯤, 엔젤투자 사업을 하면서 킹소프트사에서 은퇴했던 그 무렵, 어느 날 밤 꿈에서 깨어나 제 자신에게 질문을 던졌습니다. "나는 마흔 살이 되었고, 다른 사람 눈에 나는 이미 출세해 보이고, 이미 은퇴도 했고, 모든 사람이 부러워하는 투자 사업을 하고 있지. 이런 상황에서 내게 여전히 어릴 적 꿈을 쫓을 용기가 있을까?" 제 생각에 나이가 들수록 꿈을 얘기하기 더욱 어려워지는 것 같습니다. 지금 여러분들은 모두 꿈이 있을 시기인데, 여러분은 마흔 살이 되어서도 꿈이 있을 것 같나요? 잔혹한 현실에 맞서 몇 명이나 오늘과 내일을 보며 웃을 수 있을까요?

[8] 저는 그 당시 제 자신에게 물었습니다. "나에게 도전할 용기가 있을까? 이런 도전은 위험부담이 크기 때문에 신세를 망칠 수도 있고, 가산을 탕진할 수도 있고, 더 중요한 건 다른 사람 눈에 나는 이미 성공한 사람인데, 내가 굳이 그렇게 큰 위험을 무릅쓰고 이렇게 험난한 일을 해야 할까?" 사실 저는 정말로 반년이라는 시간 동안 고민했습니다. 결국 이러한 꿈이 저를 도전의 길로 이끌었고, 이렇게 해야만 비로소 제 인생이 성공적일 것이라고 생각했습니다. 적어도 제가 나이 들었을 때 설령 실패할지라도 나는 꿈이 있었었고, 도전 해 봤었더라고 자랑스럽게 말할

수 있을 것입니다. 그래서 저는 결심을 내리고 샤오미를 창업했습니다. 샤오미를 막 창업했을 때 저는 100% 실패할 것이라 생각했습니다. 제 머리 속엔 사업이 어떻게 망하더라도 나는 정말 행운이라는 생각뿐이었습니다. 그런데 우리는 놀랍게도 고작 3년이라는 시간을 들여서 제 자신도 믿기 힘든 결과를 이루어 냈습니다.

[9] 그럼 제 꿈은 무엇이었을까요? 저는 왜 이런 꿈을 가지게 되었을까요? 그것은 제가 여러분과 같은 나이인 열여덟 살 그 젊었던 시절에 도서관에서 우연히 본 책 한권이 제 인생을 바꿔놓았기 때문입니다. 그것은 제가 대학교 1학년 1학기 때 우한대학의 도서관에서 봤던 책입니다. 책의 제목은 《fire in the valley》인데 그 때가 1987년이었습니다. 이 책은 70년대 말, 80년대 초, 실리콘밸리의 영웅들이 창업한 이야기를 다룬 내용이었는데, 그 중 주요한 한 챕터가 애플의 스티븐 잡스에 관한 내용이었습니다. 책에 의하면 스티븐 잡스는 70년대 말, 80년대 초에 미국의 창업을 대표했다고 합니다.

[10] 제 기억에 90년대에 빌게이츠가 성공했을 무렵 그는 '나는 그저 스티븐 잡스에 이어 2등일 뿐이다'라고 말했습니다. 스티븐 잡스는 80년대에 이미 전성기를 누렸습니다. 그 당시 저는 이 책을 읽고 난 후에 흥분되는 마음을 오랫동안 진정시키기 어려웠습니다. 이 책을 읽은 후 우한대학의 운동장 400미터 트랙을 따라서 매일 밤을 지새워 걸으며 어떻게 남다른 인생을 만들 것인지 고민했던 일을 저는 여전히 또렷이 기억합니다. 우리 중국 땅에 스티븐 잡스처럼 세계 일류의 회사를 세울 수 있을까 고민했습니다. 이렇게 해야만 여러분들이 자신의 인생을 부끄러워하지 않고, 자신의 인생을 더욱 가치 있고 의미 있으며, 목표가 있는 삶으로 여길 것이라 생각합니다.

[11] 물론 26~27년 전의 중국은 오늘날보다 열악한 조건 이었습니다. 일

처리 하는 것이 오늘날처럼 쉽지 않았습니다. 이런 꿈은 말로 하기는 쉽지만 실행 하기는 어렵습니다. 저는 이런 꿈이 있고 난 후부터 말만 해서는 소용이 없다고 생각했습니다. 어떻게 학업과 일에 있어서 현실화 시킬 수 있을 지를 고민하는 게 중요하다고 생각했습니다. 저는 26~27년 전 2년 안에 대학의 모든 과정을 이수하자는 첫 번째 계획을 세웠습니다.

[12] 저는 80년대의 우한대학에서 정말로 2년 안에 모든 과정을 마친 몇 안 되는 사람 중에 하나입니다. 게다가 제 성적의 대부분은 '동 학년 1등' 이었습니다. 거의 모든 전공과목에서요. 제 기억에 제가 2년 안에 수료하고 받은 성적은 백여 명의 전교생 중에서 6등이었습니다. 꿈을 실현시키는 방법 중 첫 번째 길은 공부를 잘 하는 것입니다. 왜냐하면 기본적인 실력은 있어야하기 때문입니다. 기본 실력이 쌓이면 우리는 두 번째 목표를 세워야합니다. 사람들은 제가 유명 학회지에 논문을 발표할 능력이 없다고 했습니다. 하지만 저는 2년이 걸려 대학 2학년 때 권위 있는 저널에 논문을 발표했습니다.

[13] 꿈을 갖는 것은 간단한 일입니다. 관건은 꿈을 가진 후에 실천에 옮길 수 있는가, 어떻게 꿈을 실현할 것인가, 실행 가능한 목표를 꾸준히 수립할 것인가 입니다. 물론 이런 목표가 있다고 해도 여전히 부족합니다. 왜냐하면 성공은 그렇게 간단한 일이 아니기 때문이죠. 꿈은 장시간의 강한의지와 백절불굴의 태도를 필요로 합니다.

[14] 마흔 살에 은퇴하고 난 후에도 저는 여전히 도전해볼 용기가 나질 않았었죠. 그래서 '15분 연설'에서 여러분에게 말할 수 있는 기회가 주어진 것에 대해 매우 감사하게 여깁니다. 저는 오늘 여러분에게 마흔 살이 되어서도 열여덟 살의 꿈을 잊지 않고 도전했음을 자랑스럽게 말할 수 있습니다. 물론 오늘의 샤오미가 성공했다고 말하기 이르고, 애플을 꺾었다고 말하기는 이르지만 꿈은 그래도 있어야 하는 거잖아요. 혹시

실현될 지도 모르잖아요?

[15] 저는 여러분에 비해서 약 20년, 스무 살 정도 많습니다. 저는 많은 젊은이들과 자주 꿈에 대해 이야기하는데, "사람은 꿈이 있기에 위대하다."라는 말을 참 좋아합니다. 이것은 21일 오후에 개최한 회의의 토론석상에서 어떤 사람이 미국의 어느 대통령이 한 말이라며 언급한 것을 제가 적어온 것입니다. 저는 모든 사람이 꿈을 갖는다면 완전히 달라질 수 있다고 생각합니다. 주성치도 다음과 같은 명언을 말한 적이 있습니다. "사람이 꿈이 없으면, 소금에 절인 생선과 다를 게 뭐가 있겠는가?" 때문에 여러분은 꿈이 있어야 하고, 그 꿈은 성공을 향해 다가가는 첫 번째 발걸음이 될 것이며, 첫 번째 발걸음을 디딘 후에는 반드시 본인의 꿈을 위해 여러 튼튼한 기초를 다져야 합니다.

[16] 꿈의 실현과 관련된 유명한 구절이 있어 적어왔습니다. 바로 "태풍이 왔을 때 돼지도 날 수 있다."입니다. 들어본 적 있나요? 여러분이 성공하기 위해서는 태풍의 길목을 찾아야 합니다. 태풍이 불어 왔을 때 돼지도 날 수 있게 됩니다. 여러분 한번 생각해보세요. 돼지도 날 수 있게 됐는데, (그럼 여러분은) 당연하겠죠. 이 말은 사실 두 가지 뜻을 가지고 있습니다. 특히 이 자리에 앉아계신 학생들은 주목해 주시기 바랍니다. 제 생각에는 첫 째, 탄탄한 기본 실력과 성실함이 없다면 성공할 수 없습니다. 둘 째, 성실하고 탄탄한 기초만으로는 성공을 보장할 수 없습니다. 또 무엇이 필요할까요? 바로 태풍 길목이 필요합니다. 큰 발전 기회 또한 잡아야 합니다. 이 기회를 잘 잡아야만 성공할 기회가 생길 것입니다.

[17] 그렇다면 샤오미가 잡은 기회는 무엇일까요? 왜 이 태풍은 이렇게 강력한 걸까요? 사실 샤오미는 사람들이 핸드폰을 스마트폰으로 교체하는 바로 그 시기에 시장에 발을 내디뎠습니다. 노키아가 실패하고 애플이 막 성장하는 시기에 샤오미가 탄생했습니다. 완전히 새로운 패러

다임으로 3년이라는 짧은 시간 내에 국내 1위를 달성했습니다. 사실 전반적인 성장 속도는 상상을 초월할 정도에요. 3년이 된 지금 어느 정도의 규모가 되었을까요? 올해 대략 6,500만대의 핸드폰을 판매하고 영업 매출액은 약 700억에서 800억 위안 정도 됩니다. 이것이 창업한 지 3-4년 된 회사의 실적입니다. 세계적인 기적을 만든 것이라고 할 수 있겠지요? 이러한 성과의 이면에는 무엇이 있을까요?

[18] 그것은 바로 튼튼한 기본기와 기막힌 기회의 포착입니다. 때문에 20여년의 경력을 가진 제가 여러분께 조언하고 싶은 점은 첫째, 꿈이 있어야 한다는 것이며, 둘째, 단계별 목표를 설정해야 하고 조급해 하지 말아야 한다는 것입니다. 셋째, 바로 기회의 중요성을 인식하는 것입니다. 똑똑한 일부 학생들은 총명한 머리와 근면함만 있으면 천하무적이라고 생각합니다. 하지만 총명한 머리와 근면함만으로는 한참 부족합니다. 저는 어떻게 시대적 기회를 잡고 올바른 방향으로 나아가는 지가 중요하다고 생각합니다.

[19] 오늘의 15분 발표는 여기까지 하겠습니다. 여러분, 감사합니다!

1. 착상

1.1. 수사적 상황과 연설가 분석

먼저 수사적 상황에 대해 알아보겠다. '15분 연설(一刻演讲)'은 미국의 TED와 유사한 연설프로그램으로 북경의 '掌娱互动文化传播有限公司(장오호동문화방송유한책임회사)'가 제작한 것이다. 2014년 11월 21일 첫 방송을 시작하며 샤오미의 창업자이자 CEO인 레이쥔을 초청해 연설하였는데, 장소가 북경대학교 강당이었다. 본 연설의 주요 내용은 레이쥔이 대학 1학년 때부터 마음 속 깊은 곳에 품어온 원대한 꿈을 이루어낸 자신의 성공스토리를 토대로 이 시대 청춘들에게 '혹시 실현 될지 모르는 꿈'을 실행에 옮기라고 조언하는 것이다. 본 연설이 진행된 시기는 샤오미의 기업가치가 창업 4년 만에 450억 달러로 200배 가까이 폭등하여 휴대폰 업계 안팎의 주목을 크게 받았던 2014년이다. 사실 샤오미가 창립된 2010년은 스마트폰 제조사가 우후죽순으로 늘어나던 시기였기 때문에 샤오미는 당시 시장의 큰 주목을 받지는 못했다. 하지만 2011년 8월 첫 스마트폰을 출시한 이후 2011년 30만 대, 2012년 6,112만 대의 판매를 기록하여 전년대비 200배 이상 판매량이 급증하는 성과를 이루게 된다. 이로 인해 창업 3년 만에 샤오미는 국내 1위는 물론이고 삼성, 애플에 이은 전 세계 3위의 스마트폰 제조사로 자리매김하였다. 이러한 성과로 레이쥔은 저장(浙江)성 우전(乌镇)에서 열린 '세계 인터넷 회담(WIC) 제1회 총회'에 참가하게 되었으며, 당시 애플의 부사장과 당당하게 어깨를 견주며 행사에 참여했던 일화를 회고하는 것으로 본 연설을 시작하게 된다.

단락[1]

昨天我在乌镇参加了全球互联网峰会，在这个会议上有马云，也有苹果公司的高 级副总裁。

어제 저는 우전에서 열린 '세계 인터넷 회담'에 참여했습니다. 이 회의에 마윈과 애플의 부사장도 참석했습니다.

레이쥔은 구체적으로 '우전(乌镇)'이라는 회담 장소와 '세계 인터넷 회담(全球互联网峰会)'이라는 이름 언급을 통해 청중이 수사적 상황으로 빠져들 수 있게끔 유도하고 있다. 또한 아래와 같이 레이쥔은 샤오미가 이룩한 업적과 성과를 직접 강조하고 있다.

단락[5]

三年前，我们产品刚刚发布，仅仅用了三年时间，谁又想过这十来个人的小公司，用了不到三年时间，有苹果、有三星、有华为、有联想这样的市场里面，杀到了全 中国第一、全球第三。

3년 전, 샤오미의 제품이 시장에 첫 출시되었습니다. 고작 3년이라는 시간 동안 어느 누가 10명 정도로 구성된 작은 회사가 3년도 채 되지 않아서 애플, 삼성, 화웨이, 리엔시앙이 있는 이 시장에서 국내 1위, 세계 3위가 될 것이라 생각했을까요.

이러한 수사적 상황 묘사는 샤오미가 폭발적인 속도로 성장하여 휴대폰 업계의 눈에 띄는 강자가 되었음을 요약적으로 제시하는 것이다. 이를 통해 레이쥔이 연설자로써 청중의 신뢰를 획득하고 샤오미에 대한 감동, 기대, 호기심 등과 같은 청중의 감정을 자극하여 연설에 더욱 몰입하게 만들고 있다. 그리하여 레이쥔은 가장 최근에 성공한 창업자로써 "당신의 꿈은 무엇입니까?"와 같은 연설 텍스트를 통하여 인생경험을 들려주고, 꿈을 갖고 있는 청년들의 창업을 지지하여 올바른 방향을 제시해주는 조언자적인 입장을 취하고 있다.

다음은 연설가 분석이다. 연설자 레이쥔은 1969년 12월 16일생으로 후베이성(湖北省) 센타오시(仙桃市) 산간 벽촌 시골 출신이다. 우한대학(武汉大学) 컴퓨터공학과를 졸업한 뒤 22세에 중국 워드 프로그램 WPS로 유명했던 킹소프트사(金山软件)의 창업 멤버로 입사한 뒤 29세에 최고 경영자가 됐다. 2007년에는 회사를 홍콩 증시에 상장시키는데 가장 큰 공을 세웠다. 킹 소프트사의 CEO에서 물러나 부회장으로 있던 2000년 초반부터 YY(凡客成品), UC(多玩), Vancl(优视科技)등 다수의 스타트업에게 투자를 하는 엔젤투자자로 활동했고 2010년 4월 6일 샤오미테크(北京小米科技有限责任公司)를 창업했다.

1.2. 연설유형과 텍스트 의도

텍스트 의도에 의해 구분된 연설유형에 따르면 레이쥔의 연설은 옳고 그름을 가리는 법정연설이나 명예와 불명예를 구분하는 식장연설이 아니며, 청중들에게 교훈적인 내용을 전달하고 있기 때문에 정치연설에 속한다. 레이쥔의 연설 텍스트에서는 갈등의 요소, 진실 규명 등의 모습은 나타나지 않는다. 그가 이루어낸 업적과 성과를 바탕으로 청년들에게 '꿈을 갖고 실현하라'라는 메시지를 전달하면서 연설자의 의도대로 청중의 태도를 변화시키고자 설득하고 있다.

1.3. 논거 찾기

레이쥔은 어떤 논리적 근거를 통해 자신의 의도를 뒷받침할 논리를 펼치고 있는지 분석해 보겠다. 본고에 제시된 '유용성 논거'와 '실행 가능성 논거'는 아래와 같다.

표 1. 〈유용성 논거와 실행 가능성 논거〉

유용성 논거	실행 가능성 논거
꿈의 도전	① 설령 실패할지라도 나는 꿈이 있었었고, 도전 해 봤었더라고 자랑스럽게 말할 수 있을 것입니다. 단락[8] ② 꿈을 통해 후회 없는 인생을 살아야 여러분들이 자신의 인생을 부끄러워하지 않고, 자신의 인생을 더욱 가치 있고 의미 있으며, 목표가 있는 삶으로 여길 것이라 생각합니다. 단락[10]
단계적 실천	① 기본적인 실력은 있어야 하기 때문입니다. 단락[12] ② 40살의 늦은 나이에 창업을 하더라도 혹시 실현될지 모른다. 단락[14]
기회 포착	① 태풍의 길목을 잘 만나면 돼지도 날게 할 수 있다. 단락[16]

레이쥔이 제시한 유용성 논거는 다시 지향(指向)점과 지양(止揚)점으로 나눌 수 있다. 하지만 레이쥔의 연설텍스트는 청년들에게 창업을 하는데 있어 긍정적이고 희망적 메시지를 전달하는데 그 목적이 있기 때문에 '~하지 말아라' 등의 지양점은 나타나지 않고 있다.

단락[11]

当我有这样的梦想以后，我认为放到语言上是没有用的，怎么能落实到实际的 学习和工作中。我当时给我制订的第一个计划，在二十六七年前，两年修完大学所有过程。

저는 이런 꿈이 있고 난 후부터 말만 해서는 소용이 없다고 생각했습니다. 어떻게 학업과 일에 있어서 현실화 시킬 수 있을 지를 고민하는 게 중요하다고 생각했습니다. 저는 26~27년 전 2년 안에 대학의 모든 과정을 이수하는 첫 번째 계획을 세웠습니다.

단락[15]

我比大家大概大两轮的年纪，20多岁，我也跟很多年轻人经常交流梦想，我自己特别特别喜欢的一句话叫"人因梦想而伟大"。

저는 여러분에 비해서 약 20년, 스무 살 정도 많습니다. 저는 많은 젊은 이들과 자주 꿈에 대해 이야기하는데, "사람은 꿈이 있기에 위대하다." 라는 말을 참 좋아합니다.

단락[18]

我觉得第一条要有梦想，第二条要设定step by step的努力的目标，要制订阶 段性的目标，不要着急。第三点就是要重视机遇的重要性。

첫째, 꿈이 있어야 한다는 것이며, 둘째, 단계별 목표를 설정해야 하고 그때 조급해 하지 말아야 한다는 것입니다. 셋째, 바로 기회의 중요성을 인식하는 것입니다.

단락[11]을 보면 '이런 꿈(有这样的梦想)'은 연설 초반부터 레이쥔이 줄곧 주장해오던 '어릴 적 꾸던 원대한 꿈'이다. 레이쥔은 청중에게 믿음을 심어주고 현실적인 조언을 해주기 위해서 자신이 꿈을 실천하기 위해 세웠던 첫 번째 계획을 구체적으로 제시하여 청중의 호응을 얻고 호감을 살 수 있었다. 이어서 그는 미국의 37대 대통령 '우드로 윌슨(Woodrow Wilson)'이 언급한 "사람은 꿈이 있어 위대하다."라는 구절을 인용하여 '꿈을 갖고 실천하자.'는 본 연설 텍스트의 주장에 설득력과 호소력을 얻었다. 마지막 단락에서는 꿈을 찾아 기회를 노리고 실천한다는 메시지를 다시 한 번 강조하고 자신의 경험을 토대로 한 가이드라인을 제시하여 청중들에게 실질적인 도움을 주고자 이야기를 구체화시키고 있다.

한편, 착상 영역에서는 연사가 논거를 통해서 청중의 신뢰를 얻을 수 있는데, 논거는 대상 바깥에 있는 '외부 말터'와 대상 자체에 들어있는 '내부 말터'로 끌어낼 수 있다.

1.3.1. 권위의 말터

단락[2]

我说马云在阿里巴巴上市的那一刻说过一句话，"梦想还是要有的，万一实现了呢?"

마윈이 알리바바를 출시할 때에 이런 말을 한 적이 있습니다. "꿈은 그래도 있어야 합니다. 혹시 실현될 지도 모르잖아요?"

단락[3]

尤其是我听说了马云还讲过，“像他这样的人都能成功的话，80%的中国人都可以成功”。

더욱이 마윈이 이런 말을 한 것을 들은 적이 있습니다. “저 같은 사람도 성공할 수 있다면, 80%의 중국인이 성공할 수 있는 것입니다.”

단락[15]

我自己特别特别喜欢的一句话叫“人因梦想而伟大”，在21日下午开会讨论的时候，还有人说这是美国哪个总统讲的。

저는 “사람은 꿈이 있기에 위대하다.”라는 말을 참 좋아합니다. 이것은 21일 오후에 개최한 회의의 토론석상에서 어떤 사람이 이건 미국의 한 대통령이 한 말이라고 하더군요.

단락[15]

周星弛也讲过一句名言，“叫人没有梦想，和咸鱼有什么差别”

주성치도 다음과 같은 명언을 말한 적이 있습니다. “사람이 꿈이 없으면 소금에 절인 생선과 다를 게 뭐가 있겠는가?”

본 연설 텍스트의 가장 핵심적인 주제는 ‘꿈을 꾸자.’이다. 따라서 레이쥔은 알리바바의 회장 마윈(马云), 미국의 37대 대통령 우드로 윌슨(Woodrow Wilson), 배우 주성치(周星弛) 등 사회적으로 명망 있고 성공한 인물들의 언어를 인용하여 레이쥔의 연설 의도를 뒷받침하고 연설 내용에 신빙성을 더하고 있다.

1.3.2. 나이의 말터

단락[9]

那么我的梦想是什么?我为什么会有这样的梦想?是因为我跟大家同样岁数的时候，在我18岁的那一年，曾经青春年少，无意之中在图书馆里看了一本书，改变了我的一 生。

그럼 제 꿈은 무엇이었을까요? 저는 왜 이런 꿈을 가지게 되었을까요? 그것은 제가 여러분과 같은 나이인 열여덟 살 그 젊었던 시절에 도서관에서 우연히 본 책 한권이 제 인생을 바꿔놓았기 때문입니다.

단락[14]

今天我可以很自豪的跟大家分享，我在40岁的时候，没有忘记我18岁的梦想，我去试了。

저는 오늘 여러분에게 마흔 살이 되어서도 열여덟 살의 꿈을 잊지 않고 도전했음을 자랑스럽게 말할 수 있습니다.

단락[15]

我比大家大概大两轮的年纪，20多岁，我也跟很多年轻人经常交流梦想，我自己特别特别喜欢的一句话叫"人因梦想而伟大"。

저는 여러분에 비해서 약 20년, 스무 살 정도 많습니다. 저는 많은 젊은이들과 자주 꿈 에 대해 이야기하는데, "사람은 꿈이 있기에 위대하다." 라는 말을 참 좋아합니다.

위의 예시는 모두 '나이의 말터'를 보여 준 것이다. 본인이 꿈을 위해 도전했던 나이가 마흔 살 이었던 것과 대조적으로 연설을 듣고 있는 청중은 아직 대학생이며 꿈을 갖고 도전하기에 충분히 젊은 나이임을 강조하고 있다. 이를 통해 본인보다 청중이 꿈을 이루기 위한 더 많은 가능성과 기회를 가졌음을 역설적으로 설명하고 있다.

1.3.3. 유사성의 말터

단락[16]

"台风来的时候，猪都会飞"，这个话我其实想表达两层的意思，我觉得第一个，没有坚实的基本功，没有勤奋是成功不了的。我觉得第二点，有了勤奋，有了坚实的基础，也不一定能成功，还需要什么呢？ 还需要台风口。还需要把握这个大的发展机遇。

"태풍이 왔을 때 돼지도 날 수 있다." 이 말은 사실 두 가지 뜻을 가지고 있습니다. 특히 이 자리에 앉아계신 학생들은 주목해 주시기 바랍니다. 제 생각에는 첫 째, 탄탄한 기본 실력과 성실함이 없다면 성공할 수 없습니다. 둘 째, 성실하고 탄탄한 기초만으로는 성공을 보장할 수 없습니다. 또 무엇이 필요할까요? 바로 태풍 길목이 필요합니다. 큰 발전 기회 또한 잡아야 합니다.

유사성을 통해서도 논거를 만들 수 있는데, 이때는 문제되는 두 가지 일이 서로 닮았는지, 닮지 않았는지, 그 성질이 대립되는 것인지 등을 밝히게 된다. 위 예문에서는 기회를 태풍으로 비유하여 탄탄한 기본 실력과 성실함을 바탕으로 태풍의 길목인 기회까지 잘 잡는다면 성공할 수 있다고 주장하고 있다. 성공을 위해서는 비단 본인의 노력뿐만 아니라 시기적절하게 기회를 포착하는 것이 중요함을 알 수 있다.

2. 배열

레이쥔의 연설 텍스트는 총 19단락으로 아래와 같이 연설 내용과 배열 구조를 나눌 수 있다.

표 2. 〈레이쥔 연설텍스트의 연설 내용과 배열구조〉

<table>
<tr><th colspan="2">배열구조</th><th>내용</th></tr>
<tr><td colspan="2">들머리</td><td>[1] 해당 프로그램의 최초 연설가로써의 인사말
[2] 최근 제기된 샤오미의 꿈
[3] 마윈의 성과에 대한 찬양</td></tr>
<tr><td colspan="2">얼거리</td><td>[4] 치열한 스마트폰 시장의 경쟁
[5] 샤오미의 국내와 해외 시장에서의 성공
[6] 샤오미 창업 전 레이쥔의 생애
[7] 늦은 나이 창업으로 인한 고뇌</td></tr>
<tr><td rowspan="3">밝히기</td><td>꿈의 도전</td><td>[8] 레이쥔의 샤오미 창업 결심
[9] 레이쥔이 꿈을 꾸게한 책
[10] 레이쥔의 학창시절 꿈에 대한 포부</td></tr>
<tr><td>단계적 실천</td><td>[11] 레이쥔의 첫 번째 계획
[12] 레이쥔의 첫 번째 계획의 실천 성공
[13] 꿈을 이루기 위한 실천의 중요성
[14] 꿈에 한 발짝 가까이 다가간 레이쥔의 감흥
[15] 성공을 위한 2가지 요소: 꿈과 실천</td></tr>
<tr><td>기회 포착</td><td>[16] 기회 포착의 중요성
[17] 샤오미가 포착한 기회</td></tr>
<tr><td colspan="2">마무리</td><td>[18] 꿈을 실현하기 위한 3단계 절차
[19] 마무리 멘트</td></tr>
</table>

2.1. 들머리

레이쥔의 연설 텍스트 중 단락[1]~[3]이 들머리에 해당된다.

단락[1]-1

大家好，非常感谢在“一刻演讲”跟大家交流，这么一个大的话题。

여러분 안녕하세요, '15분 연설'에서 이렇게 큰 주제로 여러분과 소통할 수 있게 되어 정말 감사하게 생각합니다.

레이쥔은 '15분 연설'이라는 프로그램의 첫 번째 연설가였고 '大家好'라고 청중을 호칭함으로써 청중의 분산된 이목을 한 곳에 집중시키는 효과를 얻을 수 있었다.

단락[1]-2

昨天我在乌镇参加了全球互联网峰会，在这个会议上有马云，也有苹果公司的高 级副总裁，主持人抛出了一个问题，说雷军你说你有一个目标，要用5到10年的时间做智能手机市场风格全球第一。我忙着点头，我的确说过，但是他们又问我，他去问苹果公司的高 管，说你怎么看?这个苹果公司的高管也很厉害，他说easy to say hard to do，我英文很差，正好我听懂了。

어제 저는 우전에서 열린 '세계 인터넷 회담'에 참여했습니다. 마윈과 애플의 부사장도 참석한 이 회의석상에서 진행자가 저에게 질문을 하나를 던졌습니다. "레이쥔 당신에게 목표가 하나 있다고 했지요? 5~10년 내에 전 세계 스마트폰 시장에서 1등을 하겠다는 거요." 저는 다급히 고개를 끄덕였습니다. 제가 분명 말한 적이 있었거든요. 그러자 그는 애플의 부사장에게 "어떻게 생각하시나요?"라고 물었습니다. 애플 부사장도 만만치 않았습니다. 그는 "말은 쉽지만 행동하긴 어렵지요."라고 답했습니다. 제 영어실력이 나쁘긴 하지만 이 말은 알아듣겠더군요.

레이쥔은 본인이 최근에 경험한 에피소드를 유머스럽게 풀어내어 청중들의 관심을 이끌고 호감을 사고 있다. 또한 레이쥔은 에피소드가 발생했던 시간(어제)과 장소(우진)를 구체적으로 제시하고, 마윈과 애플의 부사장 같은 사회적으로 충분히 명망 있는 인사들이 자신과 같은 자리에 참석했다는 정보를 제공함으로써 자연스럽게 연설에 대한 청중의 관심을 이끌어 내고 있다. 하지만 세계 인터넷 회담에서 발생한 사건을 언급하면서 회담이 갖는 사회적 의미에 대한 부연설명이 없었기 때문에 사안의 본질을 요약하거나 사안을 개괄하는 '이해 돕기' 역할은 충분히 수행되고 있지 않은 것으로 볼 수 있다.

2.2. 얼거리

레이쥔의 연설 텍스트에서 얼거리는 총 네 단락으로 단락[4]부터 단락[7]까지가 해당된다. 레이쥔은 얼거리에서 샤오미 창업 당시 치열했던 핸드폰 업계의 경쟁구도를 언급하며 샤오미가 어느 누구도 예상치 못한 성과를 이룩했으며 샤오미 창업 전에 레이쥔이 충분히 성공한 인생을 살고 있었던 것을 밝히고 있다.

단락[4]

讲完马云这句名言以后，我又补了一段话，我说4年多前，小米刚刚创业，在中关村十来个人、七八条枪要去做手机，有谁相信我们能赢呢?手机这个行业是刀山火海，前面有三星、有苹果，后面有联想、有华为，我们看到摩托罗拉不行了，诺基亚也不行了，黑莓也不行了，连htc也不行了，最近索尼也不行了，这个市场竞争极为激烈。

마윈의 명언을 언급한 후에 저는 약간의 말을 보충했습니다. 4년 전쯤에 샤오미가 막 창업했을 때, 중관촌에서[-1.20% 자금 연구보고] 십여 명의 직원이 7~8개의 기술로 핸드폰을 만든다고 했을 때 과연 누가 우리가 이길 수 있을 거라고 믿었을까요? 핸드폰 업계는 매우 위험천만한 곳입니다. 앞에는 삼성, 애플이 있고 뒤에는 리엔시앙, 화웨이가 버티고 있습니다. 우리는 모토로라가 실패하고, 노키아가 실패하고, 블랙베리가 실패하고, htc가 실패하고, 최근에는 소니가 실패하는 것까지 봐왔습니다. 핸드폰 시장은 경쟁이 매우 치열합니다.

단락[5]

三年前，我们产品刚刚发布，仅仅用了三年时间，谁又想过这十来个人的小公司， 用了不到三年时间，有苹果、有三星、有华为、有联想这样的市场里面，杀到了全中国第一、全球第三。

3년 전, 샤오미의 제품이 시장에 첫 출시되었습니다. 고작 3년이라는 시간 동안 어느 누가 10명 정도로 구성된 작은 회사가 3년도 채 되지 않아서 애플, 삼성, 화웨이, 리엔시앙이 있는 이 시장에서 국내 1위, 세계 3위가 될 것이라 생각했을까요.

단락[6]

我在办小米之前，我有幸参与了金山软件的创办，今天我依然是金山软件的董事长和大股东，而且我还有幸的办过一个电商公司叫卓越网，应该来说我的人生也足够了。 在ipo之后，我退休了，还干了三四年投资，而且做天使投资，业绩还不错，绝对能进入中 国天使投资界的第一排系列，肯定没问题。

샤오미 창립 전 저는 운 좋게 킹소프트사[0.00%]의 창업에 참여할 수 있었습니다. 현재 저는 여전히 킹소프트사의 대표이사이자 대주주입니다. 또한 저는 운이 좋게 'joyo.com(amazon china의 예전 명칭)'이라는 전자 상거래 회사를 차릴 수 있었습니다. 때문에 제 인생은 이미 충분히 성공했다고 말할 수 있었죠. ipo(주식 공개상장)를 한 후에 저는 은퇴했습니다. 그리고 3~4년 정도 더 투자를 했죠, 엔젤투자를요. 성과도 나쁘지 않아서 중국 엔젤투자업계에서 1위에 진입하는 것도 분명 문제없었을 겁니다.

단락[7]

你说做投资总不用天天这么操心吧，是什么样的动力使我下定决心去干这么累的一件事情呢?我觉得岁数越大，谈梦想越难，我觉得大家现在都是最有梦想的时候，你们到了40岁的时候，还有梦想吗？ 面对残酷的现实，还有几个人能笑对今天、笑对明天呢？

사실 투자라는 것이 이렇게 매일매일 걱정할 필요가 없는 일이죠. 그런데 어떠한 에너지가 저로 하여금 이렇게 힘든 일을 할 결정을 하게 했을까요? 제 생각에 나이가 들수록 꿈을 얘기하기 더욱 어려워지는 것 같습니다. 지금 여러분들은 모두 꿈이 있을 시기인데, 여러분은 마흔 살이 되어서도 꿈이 있을 것 같나요? 잔혹한 현실에 맞서 몇 명이나 오늘과 내일을 보며 웃을 수 있을까요?

위의 단락[4]에서는 창업 당시의 열악했던 샤오미 내부의 상황과, 경쟁이 치열했던 외부 핸드폰 시장의 환경을 언급하였는데, 이것은 단락[5]에 나올 샤오미의 눈부신 성과를 좀 더 돋보이게 만들기 위한 포석이라고 할 수 있다. 또한 단락[5]에서 샤오미가 이룩한 성과를 "국내 1위, 세계 3위"라고 간단하게만 언급한 것은 이것만으로도 충분히 샤오미의 저력을 과시할 수 있기 때문인데, 이것은 간결성이 원칙이 적용된 것으로 볼 수 있다. 또한 얼거리가 지난 일을 기술하거나 현재의 일을 설명하거나 장차 일어날 일을 예견하는 역할을 한다고 보았을 때, 단락[6]에서 샤오미를 창업하기 전 자신의 생애를 요약하여 간결하게 묘사하고 시간 순서대로 나열한 점은 '간결성'의 원칙과 '명확성'의 원칙을 적용한 것이라고 볼 수 있다. 전체적으로 '꿈'이라는 단어를 반복 사용 한 것은 본 연설의 주제를 명확히 하고자 함이다. 얼거리의 마지막 부분인 단락[7]에서는 자신의 꿈의 원동력을 얘기하려다가 도리어 청중들에게 질문을 던지는데, 이는 이어지는 '밝히기' 부분에서 본 연설의 주제와 관련된 중요한 이야기를 할 것을 암시하는 것이다. 때문에 이는 얼거리의 역할을 충분히 수행하고 있다고 할 수 있다.

2.3. 밝히기

본고의 밝히기 부분은 총 10단락으로 단락[8]~[17]까지가 해당된다. 본 연설 텍스트의 논거인 '꿈의 추구', '단계적 실천', '기회 포착', '샤오미 성공의 원칙'에 수사적 삼단논법이 어떻게 반영되어있는지 분석해보면 다음과 같다.

① 꿈의 추구(논거1)

대전제	人生中没有后悔，才能提高人生的意义和价值。 후회 없는 인생만이 삶의 의의과 가치를 높일 수 있다.
소전제	去试试自己的梦想，才能人生中没有后悔。 꿈을 향해 도전해야만 인생에 후회가 없다.
결론	去试试自己的梦想，才能提高人生的意义和价值。 꿈을 향해 도전해야지만 비로소 삶의 의의와 가치를 높일 수 있다.

② 단계적 실천(논거2)

대전제	为了实现梦想，需要制订阶段性的目标。 꿈을 실현하려면 단계적인 목표를 세워야 한다.
소전제	不管是年龄，实践行为会实现梦想。 나이를 막론하고 실천의 행위로 꿈을 실현할 수 있다.
결론	不管是年龄，实践行为需要设定step by step。 나이를 막론하고 실천의 행위는 단계적으로 설정해야 한다.

③ 기회 포착(논거3)

대전제	成功的重要因素是把握时机的。 성공의 중요한 요소는 기회 포착이다.
소전제	会让猪飞的台风口是成功的重要因素。 돼지도 날게 하는 태풍의 길목은 성공의 중요한 요소이다.
결론	会让猪飞的台风口是重要机会。 돼지도 날게 하는 태풍의 길목은 성공의 중요한 기회이다.

④ 샤오미 성공의 원칙(논거4)

대전제	我在40岁的时候，没有忘记我18岁的梦想，我去试了。 레이쥔은 40살이라는 늦은 나이에 꿈을 실현하려 노력했다.
소전제	3年短短时间里创业成功了。 레이쥔의 3년만에 샤오미 창업에 성공했다.
결론	你们只要有梦想，梦想会早实现。 여러분에게 꿈이 있기만 하다면, 그 꿈은 조기에 실현될 것이다. (젊은 대학생 대상이므로 꿈을 가지고만 있다면 레이쥔 보다 이른 나이에 꿈을 실현할 수 있다)

논거1 '꿈의 추구'에서는 후회 없는 인생이 삶의 의의와 가치를 높여준다는 대전제와 어릴 적부터 품어오던 꿈을 향해 도전하면 인생에 후회가 없다는 소전제의 명확성에서 꿈을 향해 도전하면 높은 삶의 의의와 가치를 갖게 될 것이라는 결론을 도출하고 있다. 창업의 나이와 실천의 단계성, 태풍의 길목과 기회포착의 연관성을 밝히는 부분에서도 같은 논증법을 찾아 볼 수 있다. 전반적인 내용은 논리적 타당성, 명제들 간의 관계를 통해 결론을 도출하는 연역추론 방법을 사용하여 연사의 의도를 강조하고 있다.

또한 논거4에서는 레이쥔이 마흔이라는 늦은 나이에 창업한 것과 3년 만에 샤오미를 창업 성공한 사실은 이미 알고 있는 일반적인 명제이고, 꿈을 가지고 그 꿈을 실현 하려 노력만 한다면 실현하기에 늦은 나이는 없다는 새로운 명제를 논리적으로 도출해 낼 수 있었다.

2.4. 마무리

레이쥔의 연설 텍스트에서 마무리에 해당하는 부분은 단락[18]~[19]까지이다. 지금까지 주장했던 내용을 간략하게 정리해 말함으로써 청중에게 중요한 내용을 각인시키고 있다.

단락[18]

我对各位同学们的建议就是，我觉得第一条要有梦想，第二条要设定step by step的努力的目标，要制订阶段性的目标，不要着急。第三点就是要重视机遇的重要性。

여러분께 조언하고 싶은 것은, 첫 번째로는 꿈이 있어야 한다는 것입니다. 두 번째, 단계적으로 성실히 목표를 세우되, 단계적인 목표를 세우고 조급해하지 말아야 합니다. 세 번째, 기회의 중요성을 인식하는 것입니다.

단락[19]

今天的一刻演讲，我就讲到这里，谢谢大家！

오늘의 15분 발표는 여기까지 하겠습니다. 여러분, 감사합니다!

단락[18]은 밝히기의 내용을 다시 한 번 체계적으로 요약 정리함으로써 연설을 들은 청중들의 추후 행동에 직접적인 영향을 주고자 하는 마무리의 원칙을 충실히 수행하고 있다. 레이쥔은 단순 반복을 피하고 가장 중요하다고 생각했던 밝히기의 논거들만 간략히 나열하고 있다. 특히 '첫째', '둘째', '셋째' 같은 통사층위를 반복함으로써 점진적으로 감성을 자극하는 효과를 얻을 수 있다. 단락[19]에서는 짧고 간결하게 마무리를 하였지만 오히려 긴 여운을 남기며 파토스(pathos)를 자극하는 마무리의 역할을 충분히 하고 있다 할 수 있다.

마무리에 강하게 나타나는 이런 파토스적인 요소는 레이쥔의 연설문 전체에 걸쳐 곳곳에 등장하고 있어 연설자와 청중의 감성교류를 통한 공감대를 형성하고 있다. 가장 먼저 들머리에서 파토스적 요소를 찾아볼 수 있다.

단락[1]

昨天我在乌镇参加了全球互联网峰会，在这个会议上有马云，也有苹果公司的高级副总裁，主持人抛出了一个问题，说雷军你说你有一个目标，要用5到10年的时间做智能手机市场风格全球第一。我忙着点头，我的确说过，但是他们又问我，他去问苹果公司的高管，说你怎么看?这个苹果公司的高管也很厉害，他说easy to say hard to do，我英文很差，正好我听懂了。

어제 저는 우전에서 열린 '세계 인터넷 회담'에 참여했습니다. 마윈과 애플의 부사장도 참석한 이 회의석상에서 진행자가 저에게 질문을 하나를 던졌습니다. "레이쥔 당신에게 목표가 하나 있다고 했지요? 5~10년 내에 전 세계 스마트폰 시장에서 1등을 하겠다는 거요." 저는 다급히 고개를 끄덕였습니다. 제가 분명 말한 적이 있었거든요. 그러자 그는 애플의 부사장에게 "어떻게 생각하시나요?"라고 물었습니다. 애플 부사장도 만만치 않았습니다. 그는 "말은 쉽지만 행동하긴 어렵지요."라고 답했습니다. 제 영어실력이 나쁘긴 하지만 이 말은 알아듣겠더군요.

단락[12]

我真的是武汉大学在80年代不多的两年修完所有课程的人，而且我绝大部分的成绩应该都是年级第一，几乎所有专业课程。我记得我两年修完了成绩，在我们同学里面排到第六，我们全年级100多人。

저는 80년대의 우한대학에서 정말로 2년 안에 모든 과정을 마친 몇 안 되는 사람 중에 하나입니다. 게다가 저의 대부분의 성적은 '동 학년 1등'이었습니다. 거의 모든 전공과목에서요. 제 기억으로는 제가 2년 안에 수료하고 받은 성적은 백여 명의 전교생 중에서 6등이었습니다.

단락[1]에서는 '세계 인터넷 회담'에서 주최자의 짓궂은 질문으로 레이쥔의 당황했던 경험을 유머러스하게 설명해 청중들의 박수와 웃음을 자아냈다. 한편 단락[12]은 레이쥔이 꿈을 향해 세운 첫 번째 계획을 성공적으로 실현해냄으로써 불가능해보였던 계획을 현실화하는 부분이다. 이 때 연사의 요구 없이도 관객석에서 뜨거운 박수소리가 6초 동안이나 울려 퍼졌다. 이렇게 레이쥔은 상황에 따라서 때로는 청중의 얼굴에 웃음꽃을 가득 피우고 때로는 심금을 울리는 이야기로 성공적인 연설을 진행하였다.

3. 표현

3.1. 어휘선택

표현력에 있어서 연사는 낱말선택과 낱말연결에 주의를 기울일 필요가 있다. 특히 연사의 주장에 설득력을 더하기 위하여 적절한 단어를 선택하는 것은 매우 중요한 일이다. 일반적으로 연사의 의도는 단어사용을 통해 드러나기 때문에 레이쥔의 연설에 반복적으로 사용된 단어를 파악하여 레이쥔의 주장을 분석해보도록 한다.

레이쥔은 청년들에게 "어릴 적 꿈을 단계적인 실천과 기회 포착을 통해 실현하라."는 긍정적인 메시지를 전달하기 위해 본 연설을 진행하였다. 연사의 내면에 숨겨진 의도를 파악하기 위하여 레이쥔의 연설 텍스트에 사용된 단어를 분석한 결과 본 연설에는 梦想(꿈)이라는 단어가 무려 28번이나 등장하여 梦想(꿈)이 레이쥔이 시종일관 강조하는 본 연설의 주제어인 것을 명확하게 확인할 수 있었다. 또한 연사는 成功(성공, 7회), 第一(첫번째, 6회), 目标(목표, 4회), 勇气(용기, 3회), 实现(실현, 2회), 动力(동력, 1회), 足够(충분함, 1회), 不错(잘함, 1회), 圆满(원만, 1회), 奇迹(기적, 1회), 赢(승리, 1회), 庆幸(축하, 1회), 价值(가치, 1회), 意义(의의, 1회), 追求(추구, 1회)와 같은 긍정적인 어휘를 빈번하게 사용하였는데, 이를 통해 긍정적이고 희망찬 메시지를 전달하고자 하는 레이쥔의 의도를 읽을 수 있었다. 반면에 不行(불가능, 6회), 难(어려움, 2회), 差(부족함, 1회), 累(피곤함, 2회), 输(패배, 1회), 残酷(잔혹, 1회), 艰难(어려움, 1회), 死(죽음, 1회), 风险(위험, 1회)과 같은 부정적인 의미의 단어들은 상대적으로 적게 나타났다. 한편 机会(기회, 2회)와 机遇(기우, 4회), 成

功(성공, 7회)과 功成名就(공을 세워 이름을 떨침, 1회), 创业(창업, 4회)과 办(운영, 6회)같은 비슷한 의미의 표현을 반복적으로 사용하는 것을 통해 창업을 준비하는 학생들에게 기회를 잘 잡으면 성공할 것이라는 주제를 잘 전달하고 있다는 것을 알 수 있다.

3.2. 수사법

3.2.1. 배비(排比)와 반복(反復)

배비란 구조가 서로 같거나 어기(语气)가 일치하며, 의미적으로 밀접한 연관이 있는 문장이나 문장성분을 나란히 배열하는 수사법을 말한다. 반복은 의미나 감정을 강조하기 위해, 특별히 어떤 단어나 문장을 중복하는 수사법을 말한다. 레이쥔의 연설 텍스트에서는 문장성분의 배비를 중심으로 분석해 보도록 하겠다.

단락[4]

我们看到摩托罗拉不行了、诺基亚也不行了、黑莓也不行了、连htc也不行了、最近索尼也不行了。

우리는 모토로라의 실패, 노키아의 실패, 블랙베리의 실패, htc의 실패, 최근에는 소니의 실패도 보았습니다.

단락[10]

才会使你自己觉得人生是有价值、有意义、有追求的。

이렇게 해야만 여러분들이 자신의 인생을 부끄러워하지 않고 자신의 인생을 더욱 가치 있고, 의미 있으며, 목표가 있는 삶으로 여길 것이라 생각합니다.

단락[4] 예문에서는 '명사+不行了'라는 동일한 문장성분이 다섯 차례 나열되어 있어 배비의 수사법을 사용한 것으로 볼 수 있다. 여기서 배비는 레이쥔이 세계의 스마트폰 시장의 경쟁이 얼마나 치열한지 강조하기 위해 사용한 것으로 샤오미의 성과와 업적을 강조하는 연사의 의도를 강하게 드러내는데 도움을 주고 있다. 단락[10]에서도 '有+명사'의 동일한 문장구조가 반복되고 있는 것을 볼 수 있는데 이 또한 배비에 해당된다. 연사는 배비를 사용해 본인이 전달하고자 하는 메시지를 질서 있게 나열하는 효과뿐만 아니라 고정된 자리에 동일한 표현을 반복적으로 사용함으로써 문장의 리듬감을 제고하고 강렬한 감정을 표출하는 효과를 얻었다.

단락[7]

我在那个阶段，在我做天使投资，在我从金山退休的那个阶段，我有天晚上从梦中醒来，我问了我自己一个问题，我40岁了....（中略）。

제가 그 무렵쯤, 엔젤투자사업을 하면서 킹소프트사에서 은퇴했던 그 무렵, 저는 어느 날 밤 꿈에서 깨어나 제 자신에게 질문을 던졌습니다. '나는 마흔 살이 되었고... (중략)

단락[8]

我曾经有过梦想，我曾经去试过。

나는 일찍이 꿈이 있었었고, 나는 일찍이 도전해봤었다.

단락[5]

当我们今天有这样的业绩，有这样的起跑线， 我觉得我们总应该有这一点点梦想。

오늘날 이러한 업적이 있는 것, 이러한 출발점이 있었던 것은 제 생각에 꿈이 있었기 때문에 가능한 것이었습니다.

본 연설문에는 반복법은 총 5회 등장하지만 대표적인 예문 3개만 살펴보도록 하겠다. 단락[7]에서는 '나(我)'의 반복을 통해 레이쥔이 샤오미 창업을 결심하게 된 과정을 자기중심적으로 나열하고 있다. 단락[8]의 '나는 일찍이(我曾经)'의 반복, 단락[5]의 '이러한~이 있는(有这样的)'의 반복을 통해서도 전달하고자 하는 내용을 명확하게 하고 어감을 강하게 하고 있다.

3.2.2. 설의(設疑)

누구나 다 아는 사실을 의문형식으로 제시하여 독자가 스스로 결론을 내리게 하는 수사법이다. 때문에 질문 뒤에 답변이 따라 나오지 않으며 '문제제기'의 목적으로 주로 사용된다.

단락[4]

我说4年多前，小米刚刚创业，在中关村[-1.20% 资金 研报]十来个人、七八条枪要去做手机，有谁相信我们能赢呢?

4년 전쯤에 샤오미를 막 창업했을 때, 중관촌에서[-1.20% 자금 연구보고] 십여 명이 7~8개의 기술로 핸드폰을 만든다고 했을 때 과연 누가 우리가 이길 수 있을 거라고 믿었을까요?

단락[7]

还有几个人能笑对今天、笑对明天呢?
몇 명이나 오늘과 내일을 보며 웃을 수 있을까요?

우선 위의 단락[4]를 살펴보면 샤오미 창업의 열악한 조건을 우선 언급한 뒤, 이러한 상황 속에서 어느 누구도 샤오미의 성공을 예견하지 못했다는 것을 설의법을 사용하여 밝히고 있다. 단락[7]에 대한 대답 또한 "잔혹한 현실 앞에 아무도 즐거워하지 않는다."라고 평서문으로 진술해도 무방하지만 고의적으로 의문의 형식을 사용하여 일반적인 형식에 변화를 주고 연사의 의도를 강조하여 전달하고 있다.

3.2.3. 정진(顶真)

정진은 앞문장의 문미를 뒷문장의 문미에 반복해서 사용하는 수사법으로 문장의 구조를 가지런히 하고 어기(语气)를 연결시키며, 앞뒤가 긴밀히 연결되어 있음을 강조하기 위해 사용한다.

단락[15]

所以你关键要有梦想，有了梦想，是你迈向成功的第一步，
有了第一步以后，你一定要为自己的梦想去准备各种坚实的

基础。

때문에 여러분은 꿈이 있어야 하고, 그 꿈은 성공을 향해 다가가는 첫 번째 발걸음이 될 것이며, 첫 번째 발걸음을 디딘 후에는 반드시 본인의 꿈을 위해 여러 튼튼한 기초를 다져야 합니다.

위의 예문에서 '꿈이 있다(有梦想)'와 '첫번째 발걸음(第一步)'에 각각 정진법을 적용한 것을 볼 수 있는데, 의미상 '꿈(梦想)'을 '성공(成功)'하기 위한 전제 조건으로, '성공하기 위한 첫 번째 발걸음(成功的第一步)'를 다시 '견실한 기초(坚实的基础)'와 긴밀하게 연계시키기 위해 사용하였다. 이를 통해 청중의 관심을 집중시키고 의미를 심화시키고 있다.

3.2.4. 도탈(跳脱)

도탈은 언어를 사용할 때 특수한 언어적 상황(뜻의 함축, 생각의 급변, 현상의 부각 등) 으로 인해 고의로 문장을 끊어서 언어의 뜻을 불완전하고 문장성분을 불충분하게 만드는 것이다.

레이쥔은 기회포착의 중요성을 강조하기 위하여 "태풍이 왔을 때 돼지도 날 수 있다."는 인용구를 사용하면서 도리어 청중들에게 그 의미를 묻고 있다.

단락[16]

你想是猪都可以飞，当然了，这个话我其实想表达两层的意思.

돼지도 날 수 있게 됐는데, (그럼 여러분은) 당연하겠죠. 이 말은 사실 두 가지 뜻을 가지고 있습니다.

위 문장에서 "(그럼 여러분은) 당연하겠죠."라고만 하고 구체적인 설명은 생략되어 있다. 본래는 "돼지도 날 수 있게 됐는데, 여러분은 기회를 잘 포착하기만 한다면 역시나 날 수(성공할 수)있습니다."가 완성된 문장이라 할 수 있다. 이러한 생략법을 문장상의 오류로 볼 수 있으나 사실상 도탈의 수사이 적용된 것이며, 이를 통해 연사의 실제 연설 상황에 부합하여 문장이 완벽하지 않지만 완벽한 문장으로 의미를 증폭시키는 효과를 내고 있다.

4. 암기

레이쥔은 암기하여 연설을 진행하였다. 때문에 자유로운 손동작이 가능했고, 자연스러운 시선처리를 함으로써 청중들의 호감을 불러일으켰다. 또한 암기를 통한 연설은 성공적인 웅변가로써 레이쥔의 긍정적인 면모를 부각하였고, 기억력에만 의존하여 연설을 진행하였기 때문에 더욱 자신감 있어 보일뿐만 아니라 청중들에게 신뢰감도 전달할 수 있었다.

5. 발표

연사가 청중에게 자신의 주장과 의도를 전달하는데 있어 언어적/비언어적 요소는 어떻게 구현되어 있으며 어떤 효과를 내고 있는지 알아보도록 하겠다.

5.1. 언어적 요소

레이쥔은 호북성 출신으로 그의 발음에는 호북성의 대표 방언인 감(赣) 방언 특유의 어조와 어감이 섞여 있다. 그러나 본 연설이 TV 프로그램으로 제작된 다는 점을 감안하여 그는 가급적 보통화(普通话)를 사용하며 청중을 배려하고 있다. 레이쥔이 평소 진행한 인터뷰를 참고하면 레이쥔은 크지 않고 차분한 목소리 톤을 가지고 있다. 하지만 연설의 환경을 고려하여 목소리의 음량, 톤, 유연성, 속도, 안정성, 휴지(休止) 면에서 변화를 주고 있다. 목소리의 크기는 크지도 작지도 않게 적당히 유지하고 있지만 '梦想(꿈)'과 같은 주제어가 등장하거나 명언, 사자성어 등을 말할 때에는 소리를 크게 내어 강조하였고 배비, 반복, 설의, 점진 등의 다양한 수사법으로 청중에게 연설 내용을 효과적으로 전달하였다. 레이쥔은 평균 성인남자의 목소리 톤인 중저음으로 연설을 진행하여 안정감을 느낄 수 있었으며, 가끔은 음높이에 변화를 주어 자신의 주장에 자신만만한 태도를 보여주었다. 목소리 유연성의 경우 전반적으로는 대화톤을 사용하고 있으나 자신의 의도를 뒷받침할 논거를 제시할 때는 논쟁톤이 등장한다. 또한 파토스적인 요소를 설명하는데 있어서는 본인 또한 감정이 벅차올라

증폭톤을 자주 사용하고 있다. 말의 속도는 일반적인 경험을 얘기할 때는 감정이입을 통해 빨라지고, 강조하자는 하는 부분은 느려져, 설명하는 내용에 따라 변화를 주었다. 덕분에 청중들은 지루하지 않게 연설의 내용에 집중할 수 있었다. 또한 레이쥔은 샤오미의 성과와 업적을 과시하기 위해 샤오미가 휴대폰 업계에서 국내 1위, 세계 3위의 결과를 달성했음을 언급할때 잠시 휴지를 두었다. 휴지를 잘 사용하면 스피치의 효과도 높일 수 있을 뿐만 아니라 청중에게 자신이 방금 이야기 한 것에 대해 생각할 시간을 주고 긴장감을 고조시킬 수 있다. 이와같이 레이쥔은 전반적으로 활기차고 열정적인 목소리로 청중들에게 신뢰감을 주고 효과적으로 자신의 의도를 전달한 것으로 볼 수 있다.

5.2. 비언어적 요소

본격적인 연설이 시작되기 전 레이쥔은 이미 무대에 올라 연설을 준비하고 있다. 레이쥔은 조심스럽게 "大家好(여러분 안녕하세요)?"로 연설을 시작하면서 긴장한 듯 보이지만 자신의 경험을 차분히 나열하면서 금세 무대를 자유롭게 사용하며 연설의 주도권을 잡는다. 그는 연설 초반부터 끝까지 줄곧 양손을 모아 마주잡고 있어 겸손하고 차분한 느낌을 준다. 전반적으로 이러한 제스처를 유지하고 있지만 자기 자신에게 질문할 때는 손을 본인의 몸 방향으로 가리키고, 숫자를 셀 때에는 손가락을 하나씩 피는 모습을 보여준다. 또한 자신의 논거를 나열할 때는 주먹을 쥐고 높이 올리는데, 이는 주장하는 내용을 강조하기 위해서라고 볼 수 있다. 이렇게 다양한 제스처를 통해 그는 관객의 호응을 유도하고 시선을 집중시켰다. 한편 그의 복장을 살펴보면, 검은 정장에 흰 와이셔츠를 입어 점잖은 느낌과 전문가다운 면모를 나타내고 일을 잘하는 성실한 남자의 이미지가 드러난다. 레이쥔은 다른 연설 때와 마찬가지로 넥타이를 착용하지 않았는데, 이는 레이쥔의 자유분방한 모습을 보여주며 청중들에게 호감을 사 편안하게 교류하기 위해서이다. 레이쥔은 무대의 한 곳에만 서있지 않고 화제가 변화할 때 마다 위치를 옮겼다. 이 때 레이쥔의 표정은 내용의 흐름에 따라 적절하게 변화하였는데, 유머스러운 이야기를 할 때는 본인도 활짝 웃었고, 논거를 제시하고 청중을 설득시키고자 하는 부분에서는 엄숙하고 진지한 표정을 지어보였다. 마지막으로 레이쥔은 자연스럽게 반복적으로 청중을 응시하였고, 청중의 반응에 따라 말을 덧붙여 적극적으로 청중과 교류를 시도하였다.

연설문 출처

텍스트 - http://www.201980.com/yanjiang/yike/6367.html
동영상 - http://v.ku6.com/show/5mZKQkhzROQq7_WZBCsYyg.html

2. 마윈(马云)
– CEO 퇴임 연설(2013)

⊙ 주제

신임하라, 새로운 시대는 젊은이들의 것이다.
(选择信任, 新时代属于年轻人。)

마윈은 중국 시장점유율 80%에 달하는 중국 최대 전자상거래 업체 '알리바바 그룹(阿里巴巴集团)'의 창업자이다. 본고는 2013년 5월 창사 10주년 기념회에서 진행된 마윈의 CEO 퇴임 연설문을 분석대상으로 삼았다. 마윈은 세계적으로 인정받는 뛰어난 연설가로 국내외를 막론하고 수많은 연설, 강연을 진행한 바 있다. 그의 연설 중에서 CEO 퇴임 연설을 연구 대상으로 선정한 이유는 다음과 같다. 첫째, 본 연설은 마윈의 알리바바 퇴임식 식장연설로, 발표 측면에서 기존 마윈의 연설과는 조금 상이하다. 마윈은 시종일관 격양된 어조로 연설하며 웅변조의 말투를 사용한다. 그렇기 때문에 마윈의 기존 연설과의 비교 분석을 통해 본 연설만이 가지는 강점을 파악할 수 있다. 둘째, 마윈은 성공한 사업가이자 뛰어난 연설가로 현재까지 상당히 많은 연설을 진행하였다. 본 퇴임 연설은 내용적 측면에서 마윈이 지금까지 했던 연설의 종합판적인 성격을 띤다. 즉, 이는 지금까지 마윈이 했던 연설의 핵심 내용인 경영 철학, 삶의 경험에 관한 메시지를 포괄적으로 담고 있는 연설이다. 또한 수사학 이론을 통해 마윈의 퇴임 연설문을 분석함으로써 마윈의 퇴임 연설이 가지는 의미와 더불어 마윈의 경영 철학, 중국 사회 및 경제에 대한 그의 인식을 고찰할 수 있다.

마윈의 퇴임연설 동영상 출처는 유튜브이며, 텍스트는 新浪网(www.sina.com.cn)에서 배포한 연설문의 全文을 대상으로 한다. 연설 동영상의 길이는 19분이며, 텍스트는 3,400여개의 한자로 구성되어 있고, 총 단락의 수는 19개이다.

연설문 원문

[1]大家晚上好！谢谢各位，谢谢大家从全国各地，我知道也有从美国、英国和印度来的同事，感谢大家来到杭州，感谢大家参加淘宝的十周年！

[2]今天是一个非常特别的日子，当然对我来讲，我期待这一天很多年了，最近一直在想，在这个会上，跟所有的同事、朋友、网商，所有的合作伙伴，我应该说些什么？大家很奇怪，就像姑娘盼着结婚，新娘子到了结婚这一天，除了会傻笑，真的不知道该干什么。

[3]我们是非常幸运的人，我其实在想十年前的今天，是非典在中国最危险的时候，所有人都没有信心，大家不看好未来，阿里人十几个年轻人一起我们相信十年以后的中国会更好，十年以后，电子商务会在中国受更多人的关注，很多人会用。

[4]但我真没想到，十年以后，我们变成了今天这个样子。这十年无数的人为此付出了巨大的代价，为了一个理想，为了一个坚持，走了十年。我一直在想，即使把今年阿里巴巴集团99%的东西拿掉，我们还是值得的，今生无悔，更何况我们今天有了那么多的朋友，那么多相信的人，那么多坚持的人。

[5]其实自己在想是什么东西让我们有了今天，是什么让马云有了今天，我是没有理由成功的，阿里也没有理由成功，淘宝更没有理由成功，但我们今天居然走了这么多年，依旧对未来充满理想。其实我在想是一种信任，在所有人不相信

这个世界，所有人不相信未来，所有人不相信别人的时候，我们选择了相信，我们选择了信任，我们选择十年以后的中国会更好，我们选择相信我的同事会做得比我更好，我相信中国的年轻人会做得比我们更好。

[6]二十年以前也好，十年以前也好，我从没想过，我连自己都不一定相信自己，我特别感谢我的同事信任了我，当CEO很难，但是当CEO的员工更难。我从没想过在中国，大家都认为这是一个缺乏信任的时代，它居然你会从一个你都没有听见过的名字，闻香识女人这样人的身上，付钱给他，买一个你可能从来没见过的东西，经过上千上百公里，通过一个你不认识的人，到了你手上，今天的中国，拥有信任，拥有相信，每天2400万笔淘宝的交易，意味着在中国有2400万个信任在流转着。

[7]在座所有的阿里人、淘宝、小微金融的人，我特别为大家骄傲，今生跟大家做同事，下辈子我们还是同事！因为是你们，让这个时代看到了希望，在座的你们就像中国所有的80后、90后那样，你们在建立一种新的信任，这种信任就让世界更开放，更透明，更懂得分享，更承担责任，我为你们感到骄傲。

[8]今天的世界，是一个变化的世界，30年以前，我们谁都没想到今天会这样，谁都没想到中国会成为制造业大国，谁都没想到，电脑会深入人心，谁都没想到互联网在中国会发展得那么好。谁都没有想到，淘宝会起来，谁都没想到雅虎会有今天。这是一个变化的世界，我们谁都没想到，我们今天可以聚在这里，继续畅想未来。

[9]我们大家都认为电脑够快，互联网还要快，我们很多人还没搞清楚什么是PC互联网， 移动互联来了；我们在没搞清楚移动互联的时候，大数据时代又来了。变化的时代，是年轻人的时代，今天还有不少年轻人觉得无数的像谷歌、百度、腾讯、阿里这样的公司拿掉了所有的机会。

[10]十年以前当我们看到无数的伟大的公司，我们也曾经迷惘过，我们还有机会吗？但是十年坚持、执着，我们走到了今天，假如不是一个变化的时代，在座所有的年轻人轮不到你们，工业时代是论资排辈，永远需要有一个rich father，但是今天我们没有，我们拥有的是就是坚持和理想。很多人讨厌变化，但是正因为我们把握住了所有的变化，我们才看到了未来，未来30年，这个世界，这个中国，将会有更多的变化，这种变化对每一个人是一个机会，抓住这次机会，我们很多人埋怨昨天，30年以前的问题，中国发展到今天，谁都没有经验，世界发展到今天，谁都没有经验，我们没有办法改变昨天，但是30年以后的今天，是我们今天这帮人决定的，改变自己，从点滴做起。坚持十年，这是每一个人的梦想。

[11]我感谢这个变化的时代，我感谢无数人的抱怨，因为在别人抱怨的时候，才是你的机会，只有变换的时代，才是每一个人看清自己有什么要什么该放弃什么的时候。

[12]参与阿里巴巴的建设14年，我荣幸我是一个商人，今天人类已经进入了商业社会，但是很遗憾，这个世界商人没有得到他们应该得到的尊重，商人在这个时代已经不是唯利是图的时代，我想我们跟任何一个职业，任何一个艺术家、教

育家、政治家一样，我们在尽自己最大的努力，去完善这个社会。14年的从商，让我懂得了人生，让我懂得了什么是艰苦，什么是坚持，什么是责任，什么是别人成功了，才是自己的成功。我们最期待的是员工的微笑。

[13]从今天晚上12点以后，我将不是CEO。(掌声)从明天开始，商业就是我的票友，我为自己从商14年深感骄傲！

[14]看到你们，看到中国的年轻人，我不希望有一天我们这些人再来一个致我们逝去的中年。这世界谁也没把握你能红五年，谁也没有可能说你会不败，你会不老，你会不糊涂。解决你不败，不老，不糊涂的唯一办法，相信年轻人！因为相信他们，就是相信未来。所以我再我将不会回到阿里巴巴做CEO。要我回也不会回来，因为回来也没有用，你们会做得更好！

[15]做公司，到这个规模，小小的自尊，我很骄傲，但是对社会的贡献，我们这个公司才刚刚开始，所有的阿里人，我们都很兴奋，很勤奋，很努力，但我们很平凡，认真生活，快乐工作。我们今天得到的远远超过了我们的付出，这个社会在这个世纪希望这家公司走远走久，那就是去解决社会的问题，今天社会上有那么多问题，这些问题就是在座的机会。如果没有问题，就不需要在座的各位。

[16]阿里人坚持为小企业服务，因为小企业是中国梦想最多的地方。这里，14年前，我们提出了“让天下没有难做的生意，帮助小企业成长。”今天这个使命落到了你们身上，我还想再为小企业讲，人们说电子商务、互联网制造了不公平，但是我的理解，互联网制造了真正的公平。请问，全国

各省、各市、各地区，有哪个地方为小企业、初创企业提供税收优惠，互联网给了小企业这个机会。有些企业三五年内享受了五六个亿用户，他们呼唤跟小企业共同追求平等，小企业需要的就是500块钱的税收优惠，请所有阿里人支持他们，他们一定会成为中国将来最大的纳税者。

[17]感谢各位，我将会从事一些自己感兴趣的事儿，教育、环保，刚才那首歌 “Heal the world”，这世界很多事，我们做不了，这世界奥巴马就一个，但是太多的人把自己当奥巴马看。这世界每个人做好自己那份工作，做好自己感兴趣的那份工作，已经很了不起，我们一起努力除了工作以外，完善中国的环境，让水清澈，让天空湛蓝，让粮食安全，我拜托大家！（马云单膝下跪）

[18]我特别荣幸介绍阿里未来的团队，他们和我一起工作了很多年，他们比我更了解自己，陆兆禧工作了13年，在阿里巴巴内部，经历了很多岗位，经历了很多磨难，应该讲13年眼泪和欢笑是一样地多，接马云这个位置是非常难的，我能走到今天，是大家的信任，因为信任，所以简单！

[19]我相信，我也恳请所有的人像支持我一样，支持新的团队，支持陆兆禧，像信任我一样信任新团队、信任陆兆禧，谢谢大家，明天开始，我将有我自己新的生活，我是幸运的，在我48岁，我就可以离开我的工作，在座每个人你们也会， 48岁之前工作是我的生活，明天开始，生活将是我的工作，欢迎陆兆禧。

번역문

[1]여러분, 안녕하세요! 전국 각지에서 오신 여러분 모두에게 감사드립니다. 이 중에는 미국, 영국 그리고 인도에서 오신 동료들도 계신 것으로 아는데, 항주까지 와주셔서 감사드립니다. 또한 타오바오의 10주년 행사에 참석해 주신 것에 감사드립니다.

[2]오늘은 저에게 아주 특별한 날입니다. 저는 이 날을 아주 오랫동안 기다려왔습니다. 최근 들어, 이 무대에 서면 모든 동료, 친구, 인터넷 판매자 그리고 모든 협력 파트너들에게 무슨 말을 해야 좋을지 계속 생각해 왔습니다. 참 이상하죠. 마치 결혼식 날 만을 기다렸다가 막상 결혼식 날이 되니 바보처럼 웃는 것 이외에는 무엇을 해야 할지 모르는 새색시가 된 것 같습니다.

[3]우리는 참 운이 좋은 사람들입니다. 사실 10년 전 오늘, 중국에서 사스가 가장 심각했던 그 때 사람들은 자신감이 없었고 미래에 대해 부정적이었습니다. (그러나) 알리바바의 10여명의 청년들은 10년 후에 중국이 훨씬 좋아질 것이고, 10년 후에는 중국에서 전자상거래가 훨씬 더 주목 받고 상용화 될 것이라고 믿었습니다.

[4]하지만 저는 십년 후 이렇게까지 될 것이라고는 상상하지 못했습니다. 10년 동안 무수히 많은 사람들이 엄청난 대가를 치렀고, 하나의 이상를 위해, 그것을 고수하기 위해 10년을 걸어왔습니다. 저는 당장 알리바바의 지분 99%가 사라진다고 하더라도 우리는 여전히 가치가 있으며, 이번 생애는 후회가 없을 것이라고 줄곧 생각해 왔습니다. 오늘날 우리에게는 이렇게 많은 친구들, 이렇게 많은 우리를 믿어주는 사람들, 이렇게 많은 노력하는 사람들이 있으니까요.

[5]사실 그 무엇이 우리의 오늘이 있게 했으며, 그 무엇이 마윈의 오늘을

있게 했는지 생각해보면 저는 정말 성공할 이유가 없으며, 알리바바도 성공할 이유가 없고, 타오바오는 더욱 성공할 이유가 없습니다. 그러나 우리는 오늘날까지 이렇게 오랫동안 걸어왔고, 여전히 미래에 대한 꿈을 가지고 있습니다. 사실 저는 (오늘의 우리를 있게 한 것이) 일종의 '신임'이라고 생각합니다. 모든 사람이 이 세상을 믿지 않고, 모든 사람이 미래를 믿지 않고, 모든 사람이 다른 사람을 믿지 않을 때 우리는 믿기로 했고, 신임하기로 했습니다. 우리는 10년 뒤 중국은 더 좋아질 것이라고 믿기로 했고, 우리는 동료들이 나보다 더 잘할 것이라고 믿기로 했고, 저는 중국의 젊은이들이 우리보다 더 잘해낼 것이라고 믿기로 했습니다.

[6]20년 전에도 그렇고, 10년 전에도 그렇고 저는 생각지도 못했습니다. 제 자신도 저를 완벽하게 신뢰하지 못하는데, 동료들이 저를 믿어준 것에 정말 감사의 말씀을 드립니다. CEO라는 자리는 어렵습니다만 CEO의 부하직원으로 일하는 것은 훨씬 어렵습니다. 저는 중국에서, 다들 신뢰가 부족하다고 여기는 시대에 놀랍게도 한 번도 이름을 들어본 적 없는 영화 '여인의 향기'에서처럼 생면부지의 사람에게 돈을 지불하고, 본 적 없는 물건을 사고, 수천 수백 킬로미터를 넘어와 모르는 사람을 통해 물건을 받게 될 것이라고는 상상도 못했습니다. 오늘의 중국에는 신뢰가 있고 믿음이 있습니다. 매일 타오바오에서 일어나는 2,400만 건의 구매가 바로 신뢰가 유통되고 있다는 의미입니다.

[7]이 자리에 앉아 계시는 알리바바인들, 타오바오인들, 소규모 금융인들, 나는 여러분이 너무나 자랑스럽습니다. 이번 생애에 여러분과 동료가 되었는데, 다음 생애에도 우리는 여전히 동료일 것입니다. 여러분 덕분에 이 시대는 희망을 보았고 앉아 계시는 당신들은 중국의 모든 80년대 90년대 생처럼 새로운 신임을 만들고 있습니다. 이런 신임은 세계를 더욱 개방적이게, 더욱 투명하게, 더욱 나눌 수 있게, 더욱 책임감 있게

할 것입니다. 나는 여러분이 너무나 자랑스럽습니다.

[8]지금은 변화의 시대입니다. 30년 전에는 누구도 지금의 모습을 생각하지 못했습니다. 중국이 제조업 대국이 될 것이라고 생각하지 못했으며, 컴퓨터가 이렇게 사람들의 삶과 밀접해 질 것이라고 생각하지 못했으며, 인터넷이 중국에서 이처럼 발전할 것이라고 생각하지 못했습니다. 타오바오가 이렇게 성장할 것이라고 생각하지 못했으며, 야후의 오늘이 있을 이라고는 어느 누구도 생각하지 못했습니다. 지금은 변화의 시대입니다. 우리 중 그 누구도 우리가 오늘날 여기에 모여 마음껏 미래를 그려 볼 것이라고는 생각하지 못했습니다.

[9]우리 모두 컴퓨터는 충분히 빠르고 인터넷은 더 빠르다고 생각했습니다. 우리 중 많은 사람이 무엇이 PC인터넷인지 모를 때 모바일 인터넷 시대가 왔고, 무엇이 모바일 인터넷인지도 모를 때 빅데이터의 시대가 왔습니다. 변화의 시대는 젊은이들의 시대입니다. 지금의 많은 청년들은 구글, 바이뚜, 텐센트, 알리바바와 같은 거대기업들이 모든 기회를 가져갔다고 생각합니다.

[10]10년 전에 우리가 무수히 많은 거대기업들을 봤을 때 우리도 우리에게 과연 기회가 있을지 의문스러웠습니다. 하지만 10년간 꾸준히 지속해 온 결과 오늘날까지 이르게 되었습니다. 만약 변화의 시대가 아니었다면 여기에 앉아 있는 젊은이들, 당신들에게 기회가 돌아가지 않았을 것입니다. 공업시대에는 자격을 따지고 서열을 중시합니다. 반드시 부자 아빠가 필요했습니다. 하지만 현재 우리에게는 없습니다. 우리가 가지고 있는 것은 바로 끈기와 이상입니다. 많은 사람들이 변화를 싫어합니다. 하지만 우리는 모든 변화를 장악했기에 미래를 볼 수 있었습니다. 앞으로 30년, 이 세계는 그리고 중국에는 훨씬 더 많은 변화가 있을 것이고, 이런 변화는 한 사람 한 사람에게 기회가 될 것이니 이 기회를

잡아야 합니다. 많은 사람들이 어제를, 30년 전의 문제를 불평합니다. 중국이 오늘날까지 발전한 것, 세계가 이렇게 발전한 것은 어느 누구도 경험해보지 못한 것입니다. 우리는 어제를 바꿀 수는 없지만 30년 후의 오늘은 우리들이 결정하는 것입니다. 스스로를 바꾸고 작은 것부터 시작하십시오. 10년을 지속해 나가는 것은 우리 모두의 꿈입니다.

[11]저는 이 변화의 시대와 무수한 사람들의 불만에 감사합니다. 다른 사람들이 불평, 불만할 때가 당신에게는 기회입니다. 변화하는 시대에서만이 우리 각자는 자기가 무엇을 가지고 있고 무엇을 원하고 무엇을 버려야 할지 명확히 알 수 있습니다.

[12]알리바바의 건설에 참여한 지 14년, 저는 제가 상인이라는 것에 대해 매우 영광스럽게 생각합니다. 오늘날 인류는 이미 상업 사회에 진입했으나, 매우 유감스럽게도 이 세상의 상인들은 그들이 당연히 받아야 할 존중을 받지 못하고 있습니다. 이 시대는 이미 상인이 오직 이윤만을 추구하는 시대가 아닙니다. 제 생각에 우리는 다른 직종, 이를테면 예술가, 교육자, 정치인과 같이 최대한의 노력으로 이 사회를 완성시키고 있습니다. 14년간 상업에 종사하면서 저는 인생을 배웠고, 무엇이 역경이고, 무엇이 끈기이며, 무엇이 책임이고, 타인의 성공이 곧 나의 성공임을 배웠습니다. 우리가 가장 기대하는 것은 직원들의 미소입니다.

[13]오늘 저녁 12시가 지나면 저는 더 이상 CEO가 아닙니다. 내일부터 상업은 저의 취미 생활입니다. 저는 제가 14년 동안 상업에 종사한 것에 깊은 자부심을 느낍니다.

[14]당신들을, 중국의 젊은이들을 보면서 저는 어느 날 우리에게 가버린 중년이 다시 오기를 바라지는 않습니다. 이 세상 누구도 당신이 5년을 흥할 것이라고 장담할 수 없고, 누구도 당신이 패배하지 않을 것이라고, 당신은 늙지 않을 것이라고, 당신이 어리석지 않을 것이라고 말할 수 없

습니다. 당신이 패배하지 않고, 늙지 않고, 어리석지 않을 유일한 방법은 젊은이들을 믿는 것입니다. 그들을 믿는 것은 미래를 믿는 것이기 때문입니다. 그래서 저는 다시 알리바바의 CEO로 돌아오지 않을 것입니다. 저보고 돌아오라고 해도 돌아올 수 없으며, 돌아와도 소용없습니다. 당신들은 저보다 뛰어날 것입니다!

[15]회사를 차리고, 이 정도 규모로 키운 것에 자부심을 느낍니다. 그러나 우리 회사는 사회에 대한 공헌을 이제 막 하기 시작했습니다. 모든 알리바바 임직원은 모두 밝고 근면하며 열심히 일했습니다. 그러나 우리는 매우 평범하게 열심히 생활하고 즐겁게 일한 것 뿐입니다. 오늘날 우리는 우리가 들인 노력보다 훨씬 더 많은 것을 얻었습니다. 이 사회는, 이 시대는 알리바바가 더 멀리 더 오래 걸어 나가면서 사회의 문제들을 해결해 주기를 바랍니다. 오늘날 사회에는 무수히 많은 문제가 존재하는데, 이 문제들은 이 자리에 계신 여러분들에게는 기회입니다. 만약 아무런 문제가 없다면 여기 계신 여러분들은 필요하지 않습니다.

[16]알리바바인들은 꾸준히 영세기업을 위해 서비스 해왔는데, 영세기업이야 말로 중국에서 꿈이 가장 많은 곳이기 때문입니다. 여기에서 14년 전 우리는 "세상에 어려운 사업은 없다. 영세기업이 성장하도록 돕자."라고 제창했습니다. 오늘날 이 사명은 당신들에게 맡겨졌고, 저는 여전히 영세기업을 위해 말하고 싶습니다. 사람들은 전자상거래, 인터넷이 불공평을 조장한다고 말하지만 저는 인터넷이 진정한 공평함을 만든다고 봅니다. 묻겠습니다. 전국 각 성, 각 시, 각 지역 어느 곳이 영세기업과 스타트 업을 위해 세금 혜택을 주는지요? 인터넷은 영세기업에게 이런 기회를 줍니다. 일부 기업들은 3년에서 5년 내에 사용자가 5, 6억 명에 달합니다. 그들은 영세기업과 공동으로 평등을 추구하겠다고 말합니다. 영세기업에게 필요한 것은 500위안의 세금 혜택입니다. 모든 알리바

바인들은 그들을 지지해 주세요. 그들은 꼭 중국 장래에 중국 최대의 납세자가 될 것입니다.

[17]여러분 감사합니다. 저는 앞으로 제가 관심을 가졌던 분야인 교육, 환경 보호에 힘쓸 것입니다. 방금 그 "Heal the world" 노래처럼, 이 세상에는 우리가 해 낼 수 없는 많은 일들이 있습니다. 이 세상에 오바마는 단 한 명입니다. 그러나 많은 사람들은 자신이 오바마인 줄 압니다. 이 세상에서 각자가 자신의 일을 잘 해내고, 자기가 좋아하는 일을 잘 해내는 것만으로 이미 대단한 것입니다. 우리는 함께 열심히 일하는 것 외에 중국의 환경을 개선하는 일을 합시다. 물을 맑게 하고, 하늘을 파랗게 하며, 식량문제를 안전하게 합시다. 여러분에게 부탁합니다. (마윈이 한쪽 무릎을 꿇는다.)

[18]제가 알리바바의 미래를 함께할 분들을 소개할 수 있어 영광입니다. 그들은 저와 함께 오랫동안 일한 분들로 저보다 저에 대해 더 잘 아시는 분들입니다. 루쟈오시는 13년간 알리바바에서 일하면서 다양한 직책을 맡았고 많은 역경을 겪었습니다. 13년 동안 흘린 눈물만큼 많이 웃기도 했습니다. 저의 자리를 맡는다는 것은 매우 어려운 일입니다. 제가 오늘까지 걸어올 수 있었던 것은 여러분의 신뢰 덕분입니다. 신뢰가 있었기에 어렵지 않았습니다.

[19]모든 사람이 저를 지지했듯이 새로운 구성원들을 지지해주고 루쟈오시를 지지해주고, 저를 신임했듯이 그들과 루쟈오시를 신임해 줄 것이라고 믿어 의심치 않습니다. 여러분 감사합니다. 내일을 시작으로 저는 제 자신의 새로운 삶을 시작할 것입니다. 저는 운이 좋은 사람입니다. 48세에 제 일을 떠날 수 있으니까요. 앉아 계신 여러분들도 가능합니다. 48세 이전에는 일이 자신의 삶이었다면 내일부터는 삶이 곧 저의 일이 될 것입니다. 루쟈오시를 환영합니다.

1. 착상

1.1. 수사적 상황

본 연설은 타오바오 10주년 행사 중 가장 마지막에 부분에 진행된 마윈의 퇴임 연설로 연설자 자신의 퇴임을 선언하고, 후임을 소개하는데 그 주된 목적이 있다. 본 연설은 일종의 식장연설로 사회자의 장중한 소개 후 마윈이 웅장한 북소리와 함께 무대에 등장하면서 시작된다. 마윈은 평소 "창업주가 회사를 떠나지 못하면 그 회사는 건강하게 발전할 수 없다.(创始人如果离不开公司，公司就不可能健康发展。)"라고 말해왔다. 마윈은 이 말을 실천하고 연설을 끝으로 CEO 자리에서 물러난다. 본 연설은 내용상 알리바바의 성장 과정을 회고, 현재 상황의 서술, 미래의 비전 제시, 후임의 소개라는 일련의 과정을 다루고 있는데, 이 모든 과정을 '신임(信任)'이라는 키워드로 풀어나가고 있다. 알리바바를 세계적인 전자상거래 기업으로 키워낸 CEO 마윈은 49세의 나이로 퇴임을 앞두고 있으며, 연설의 청중인 직원들은 이에 대해 아쉬움을 표하고 있다. 14년간 알리바바를 이끌어 온 마윈이 일선에서 물러나면서 직원들에게 '여러분들이 자신을 믿었듯 알리바바의 후임 CEO를 믿어 달라'고 당부한다. 더 나아가서 앞으로 젊은이들이 새로운 알리바바를 잘 이끌어 달라고 당부한다.

1.2. 연설가와 청중 분석

연설가인 마윈은 세계 최대의 B2B 사이트 알리바바 그룹의 CEO로 순

자산 218달러의 중국 최대 갑부이다. 이는 2014년 9월 실시된 알리바바의 뉴욕증권거래소 상장(IPO 200달러)에 따른 것이다. 알리바바의 2013년 상품 거래 규모는 2500억 달러로 아마존의 두배, 이베이(Ebay)의 세배였고, 매출액 85억8,000만 달러를 기록했다. 항저우 사범대를 나와 영어 교사를 했던 마윈이 1999년 알리바바를 설립하면서 신화가 시작됐다. 중국 생산자와 글로벌 판매자를 연결한 서비스는 폭발적인 인기를 얻어 2002년에는 고객이 100만 명으로 불어났다. 소프트뱅크(회장 손정의)의 투자를 받은 알리바바는 2003년 C2C 플랫폼인 타오바오(淘宝), 2008년 B2C e-커머스 사이트인 T몰(天猫)을 설립했다. 2013년 온라인 상거래 세미나에서 마윈은 자신이 준비하는 미래의 모습을 다음과 같이 밝혔다. 첫째, 작은 것이 아름다운 세상이다. 알리바바는 연매출액이 100만 위안(1억7,000만원)이상이 되는 100만개 온라인 상거래 회사를 육성하고 있다. 마윈은 이들 기업이 각기 2~3개의 청년 일자리를 창출해 주길 바라고 있다. 둘째, 소비 유통 영역에서 생산 제조 영역으로의 진출할 것이다. 이를 통해 생활 방식의 변화를 추구한다. B2C 시대에 C2B를 준비하기 위해 철저히 개인화된 제조형태를 창출하는 것이다. 셋째, 공생하는 플랫폼 구축이다. 일본 방문 시 147년 된 케이크 전문점에서 감동을 받았다는 마윈은 이제 갓 15년 된 세계 최대의 상거래 업체가 100년을 지속할 준비를 하고 있다.

본 연설의 청중은 알리바바의 직원 및 관계자들로 그들은 기본적으로 자신의 CEO인 연설자에 대한 신뢰를 가지고 있으며, 마윈의 연설에 공감하면서 시시각각 박수로 화답한다. 이는 청중들이 연설자의 연설에 경청하고 있으며, 연사의 말에 동의한다는 일종의 긍정을 표하는 비언어적 메시지로 이해할 수 있다. 연설의 중간 중간에 마윈의 연설하는 모습을 사진으로 찍으며 연설자에 대한 동경을 나타내는 모습도 보여주고 각 단락이 끝날 때마다 즉각적인 반응을 보이며, 마윈의 퇴임을 아쉬워하고 있다.

1.3. 연설유형 및 텍스트 의도

본 연설은 퇴임식장에서 진행되므로 기본적으로 식장연설로 볼 수 있다. 그러나 퇴임 선언과 후임 소개 외에도 회사의 미래를 위해 남아있는 직원들을 향한 다양한 권유와 당부의 내용을 담고 있다. 또한 중국의 물, 공기, 식량 문제 등의 환경문제를 다함께 개선해 나가자고 하는 마윈의 주장을 담고 있다. 따라서 정치연설의 성격도 강하게 가지고 있다고 볼 수 있다.

1.4. 논거 찾기

본 연설은 가장 먼저 자신의 성공 원천을 '신임'에서 찾으며 '신임'의 중요성을 다각도로 언급한다. 청중들에게 이 세상을 믿고, 미래를 믿고, 주변인들을 믿어야 한다고 말한다.

단락[5]

其实我在想是一种信任，在所有人不相信这个世界，所有人不相信未来，所有人不相信别人的时候，我们选择了相信，我们选择了信任，我们选择十年以后的中国会更好，我们选择相信我的同事会做得比我更好，我相信中国的年轻人会做得比我们更好。

사실 저는 (오늘의 우리를 있게 한 것이) 일종의 '신임'이라고 생각합니다. 모든 사람이 이 세상을 믿지 않고, 모든 사람이 미래를 믿지 않고, 모든 사람이 다른 사람을 믿지 않을 때 우리는 믿기로 했고, 신임하기로 했습니다. 우리는 10년 뒤 중국은 더 좋아질 것이라고 믿기로 했고, 동료들이 나보다 더 잘할 것이라고 믿기로 했고, 중국의 젊은이들이 우리보다 더 잘해낼 것이라고 믿기로 했습니다.

마윈은 단락[5]에서 신임을 우선적으로 언급하였다. 알리바바의 성공의 원천이 신임이라고 이야기하며 세상을 믿고, 미래를 믿고, 중국의 미래를 믿고, 동료와 젊은이들을 믿었다고 하면서 신임의 중요성을 거듭 강조하고 있다.

단락[6]

今天的中国，拥有信任，拥有相信，每天2,400万笔淘宝的交易，意味着在中国有2,400万个信任在流转着。

오늘의 중국에는 신뢰가 있고 믿음이 있습니다. 매일 타오바오에서 2,400만 건의 구매가 이뤄진다는 것은 중국에 2,400만개의 신뢰가 유통되고 있다는 의미입니다.

단락[7]

因为是你们，让这个时代看到了希望，在座的你们就像中国所有的80后、90后那样，你们在建立一种新的信任，这种信任就让世界更开放，更透明，更懂得分享，更承担责任，我为你们感到骄傲。

여러분 덕분에 이 시대는 희망을 보았고 앉아 계시는 당신들은 중국의 모든 80년대 90년대 생처럼 일종의 신임을 만들고 있습니다. 이런 신임은 세계를 더욱 개방적이게, 더욱 투명하게, 더욱 나눌 수 있게, 더욱 책임감 있게 할 것입니다. 나는 여러분이 너무나 자랑스럽습니다.

단락[6], [7]을 통해서 마윈은 전자상거래는 근본적으로 신임이 없으면 불가능한 사업이며, 지금 만들고 있는 신임이야말로 앞으로 이 사회를 이끌어나가는 힘이라고 말하고 있다. 타오바오에서 물건을 구입하는 행위 자체가 신임을 의미하는 것이기 때문에 청중들도 다른 사람을 믿고, 미래를 믿고, 젊은이들을 믿는 '신임'을 선택하라는 메시지를 전달한다. 이를 통해 신임이 오늘날의 알리바바를 만들었으며, 청중들로 하여금 믿으면 이 모든 것들이 가능하다는 주장을 펼치고 있다.

본 연설의 두 번째 논거는 기회를 잡아야 한다는 것이다. 기회의 중요성을 언급하며 지금이야말로 기회를 잡기에 최적의 시간이라고 주장한다.

단락[10]

很多人讨厌变化，但是正因为我们把握住了所有的变化，我们才看到了未来，未来30年，这个世界，这个中国，将会有更多的变化，这种变化对每一个人是一个机会，抓住这次机会。

많은 사람들이 변화를 싫어합니다. 하지만 우리는 모든 변화를 장악했기에 미래를 볼 수 있었습니다. 앞으로 30년, 이 세계에는 그리고 중국에는 훨씬 더 많은 변화가 있을 것이고, 이런 변화는 한 사람 한 사람에게 기회가 될 것이니 이 기회를 잡아야 합니다.

단락[11]

我感谢这个变化的时代，我感谢无数人的抱怨，因为在别人抱怨的时候，才是你的机会，只有变换的时代，才是每一个人看清自己有什么要什么该放弃什么的时候。

저는 이 변화의 시대와 무수한 사람들의 불만에 감사합니다. 다른 사람들이 불평, 불만할 때가 당신에게는 기회입니다. 변화하는 시대에서만이 우리 각자는 자기가 무엇을 가지고 있고 무엇을 원하고 무엇을 버려야 할지 명확히 알 수 있습니다.

단락[10], [11]을 통해 마윈은 지금 이 변화의 시대에 기회를 찾아야하며, 남들이 불평, 불만을 가지는 이 시대에 기회를 잡으라고 말하고 있다. 더 많은 변화가 있는 앞으로의 30년을 기회라고 말한다. 자신이 과거 변화의 시대에 기회를 잡아서 성공이라는 유익함을 이룬 것처럼 청중들도 똑같이 할 수 있다는 수행가능성의 비전을 제시한다. 그러나 연설가 마윈은 자신의 경험에 비추어서 변화의 시대에 기회를 잡고, 후임을 신임해 달라고 지향점을 말하나 변화의 시대에 어떻게 기회를 잡아야 할지에 대해서는 구체적으로 언급하고 있지 않다.

2. 배열

본 연설문은 총 19개의 단락, 43개의 문장으로 구성되어 있으며 연설은 약 19분간 진행되었다.

표 1. 〈단락별 배열구조 및 내용〉

<table>
<tr><th colspan="2">배열구조</th><th>내용</th></tr>
<tr><td colspan="2">들머리</td><td>[1]식장인사, 참석한 청중에 대한 인사말
[2]연설자의 심정, 본 연설의 목적과 의의</td></tr>
<tr><td colspan="2">얼거리</td><td>[3]10년 전 알라바바 회상
[4]10년 전부터 지금까지의 성장 과정 회상
[5]성공의 원천은 신임
[6]전자상거래 성공의 원천은 신임
[7]청중들에 대한 칭찬과 감사</td></tr>
<tr><td rowspan="2">밝히기</td><td>인터넷 시대와 기회의 중요성</td><td>[8]변화 속에서 기회 찾기
[9]인터넷과 현대 사회
[10]기회의 중요성
[11]기회의 시대</td></tr>
<tr><td>퇴임 선언과 후임 소개</td><td>[12]연설자의 인생 경험과 교훈
[13]퇴임 선언
[14]퇴임 이유 설명 및 확인
[15]칭찬과 미래 비전 제시
[16]영세기업 지원의 필요성</td></tr>
<tr><td colspan="2">마무리</td><td>[17]연설자의 앞으로의 계획
[18]후임 소개
[19]후임 소개, 마무리 인사</td></tr>
</table>

2.1. 들머리

총 19단락 중 단락[1], [2]가 들머리에 해당되며, 참석한 청중에 대한 인사말과 연설자의 현재 심정, 본 연설의 목적과 의의에 대해 설명하고 있다.

단락[1]

大家晚上好！谢谢各位，谢谢大家从全国各地，我知道也有从美国、英国和印度来的同事，感谢大家来到杭州，感谢大家参加淘宝的十周年！

여러분, 안녕하세요! 전국 각지에서 오신 여러분 모두에게 감사드립니다. 이 중에는 미국, 영국 그리고 인도에서 오신 동료들도 계신 것으로 아는데, 항주까지 와주셔서 감사드립니다. 또한 타오바오의 10주년 행사에 참석해 주신 것에 감사드립니다!

단락[1]은 청중을 향한 연설자의 인사말로 시작된다. 본 행사는 알리바바의 본사인 항주까지서 진행된 타오바오 창사 10주년 기념식으로, 청중들을 일일이 지목하면서 감사 인사를 전하는 것으로 연설을 시작하여 호감 사기의 목적을 충분히 달성하고 있다고 볼 수 있다.

단락[2]

今天是一个非常特别的日子，当然对我来讲，我期待这一天很多年了，最近一直在想，在这个会上，跟所有的同事、朋友、网商，所有的合作伙伴，我应该说些什么？大家很奇怪，就像姑娘盼着结婚，新娘子到了结婚这一天，除了会傻笑，真的不知道该干什么。

오늘은 저에게 아주 특별한 날입니다. 저는 이 날을 아주 오랫동안 기다려왔습니다. 최근 들어 이 무대에 서면 모든 동료, 친구, 인터넷 판매자 그리고 모든 협력 파트너들에게 무슨 말을 해야 좋을지 계속 생각해왔습니다. 참 이상하죠. 마치 결혼식 날 만을 기다렸다가 막상 결혼식 날이 되니 바보처럼 웃는 것 이외에는 무엇을 해야 할지 모르는 새색시가 된 것 같습니다.

단락[2]에서는 연설자의 현재 기분과 심정을 담담하게 서술하고 있다. 본 연설이 본인에게 어떠한 의미를 주는지 말함으로써 청중들로 하여금 본 연설에 관심을 집중시키고 흥미를 유발시키고 있다.

이처럼 들머리에서는 청중의 '호감 사기'와 '관심 끌기'의 목적에 도달함으로써 연설자의 기품을 나타내는 에토스가 충분히 자극되고 있다.

2.2. 얼거리

얼거리는 단락[3]부터 [7]까지로 총 다섯 단락으로 구성되었다. 10년 전 알리바바를 회상하고 성공의 원천은 '신임'이라고 주장하는 내용이 담겨 있다.

단락[3]

我们是非常幸运的人，我其实在想十年前的今天，是非典在中国最危险的时候，所有人都没有信心，大家不看好未来，阿里人十几个年轻人一起我们相信十年以后的中国会更好，十年以后，电子商务会在中国受更多人的关注，很多人会用。

우리는 참 운이 좋은 사람들입니다. 사실 10년 전 오늘, 중국에서 사스가 가장 심각했던 그 때 사람들은 자신감이 없었고 미래에 대해 부정적이었습니다. (그러나) 알리바바의 10여명의 청년들은 10년 후에 중국이 훨씬 좋아질 것이고, 10년 후에는 중국에서 전자상거래가 훨씬 더 주목받고 상용화 될 것이라고 믿었습니다.

단락[4]

但我真没想到，十年以后，我们变成了今天这个样子。这十年无数的人为此付出了巨大的代价，为了一个理想，为了一个坚持，走了十年。我一直在想，即使把今年阿里巴巴集团99%的东西拿掉，我们还是值得的，今生无悔，更何况我们今天有了那么多的朋友，那么多相信的人，那么多坚持的人。

하지만 저는 십년 후 이렇게까지 될 것이라고는 상상하지 못했습니다. 10년 동안 무수히 많은 사람들이 엄청난 대가를 치렀고, 하나의 이상를 위해, 그것을 고수하기 위해 10년을 걸어왔습니다. 저는 당장 알리바바의 지분 99%가 사라진다고 하더라도 우리는 여전히 가치가 있으며, 이번 생애는 후회가 없을 것이라고 줄곧 생각해 왔습니다. 오늘날 우리에게는 이렇게 많은 친구들과 이렇게 많이 우리를 믿어주는 사람들, 이렇게 노력을 하는 많은 사람들이 있으니까요.

단락[3], [4]에서는 10년 전 알리바바의 과거를 회상하며 힘든 시절을 견뎌온 알리바바인들을 칭찬하고 있다.

단락[5]

其实自己在想是什么东西让我们有了今天，是什么让马云有了今天，我是没有理由成功的，阿里也没有理由成功，淘宝更没有理由成功，但我们今天居然走了这么多年，依旧对未来充满理想。其实我在想是一种信任，在所有人不相信这个世界，所有人不相信未来，所有人不相信别人的时候，我们选择了相信，我们选择了信任，我们选择十年以后的中国会更好，我们选择相信我的同事会做得比我更好，我相信中国的年轻人会做得比我们更好。

사실 그 무엇인가가 우리의 오늘이 있게 했으며 그 무엇인가가 마윈의 오늘을 있게 했는지 생각해보면 저는 정말 성공할 이유가 없으며, 알리바바도 성공할 이유가 없고, 타오바오는 더욱 성공할 이유가 없습니다. 그러나 우리는 오늘날까지 이렇게 오랫동안 걸어왔고, 여전히 미래에 대한 꿈을 가지고 있습니다. 사실 저는 (오늘의 우리를 있게 한 것이) 일종의 '신임'이라고 생각합니다. 모든 사람이 이 세상을 믿지 않고, 모든 사람이 미래를 믿지 않고, 모든 사람이 다른 사람을 믿지 않을 때 우리는 믿기로 했고, 신임하기로 했습니다. 우리는 10년 뒤 중국은 더 좋아질 것이라고 믿기로 했고, 동료들이 나보다 더 잘할 것이라고 믿기로 했고, 중국의 젊은이들이 우리보다 더 잘해낼 것이라고 믿기로 했습니다.

단락[5]에서 연설자는 알리바바의 성공의 원천을 신임으로 꼽고, 무엇을 어떻게 신임했는지 구체적으로 설명하고 있다.

단락[6]

二十年以前也好，十年以前也好，我从没想过，我连自己都不一定相信自己，我特别感谢我的同事信任了我，当CEO很难，但是当CEO的员工更难。我从没想过在中国，大家都认为这是一个缺乏信任的时代，它居然你会从一个你都没有听见过的名字，闻香识女人这样人的身上，付钱给他，买一个你可能从来没见过的东西，经过上千上百公里，通过一个你不认识的人，到了你手上，今天的中国，拥有信任，拥有相信，每天2,400万笔淘宝的交易，意味着在中国有2,400万个信任在流转着。

20년 전에도 그렇고, 10년 전에도 그렇고 저는 생각지도 못했습니다. 제 자신도 저를 완벽하게 신뢰하지 못하는데, 동료들이 저를 믿어준 것에 정말 감사의 말씀을 드립니다. CEO라는 자리는 어렵습니다만 CEO의 부하직원으로 일하는 것은 훨씬 어렵습니다. 저는 중국에서, 다들 신뢰가 부족하다고 여기는 시대에 놀랍게도 한 번도 이름을 들어본 적 없는, 영화 '여인의 향기'에서처럼 생면부지의 사람에게 돈을 지불하고 본 적 없는 물건을 사고, 수천 수백 킬로미터를 넘어와 모르는 사람을 통해 물건을 받게 될 것이라고는 상상도 못했습니다. 지금 중국에는 신뢰가 있고 믿음이 있습니다. 매일 타오바오에서 2,400만 건의 구매가 이뤄진다는 것은 중국에 2,400만개의 신뢰가 유통되고 있다는 의미입니다.

단락[6]에서는 동료의 믿음에 대한 감사와 타오바오를 통한 소비자의 구매행위가 신뢰에서 비롯된다고 말하면서 알리바바의 사업을 '신뢰의 유통'에 비유하고 있다.

단락[7]

在座所有的阿里人，淘宝，小微金融的人，我特别为大家骄傲，今生跟大家做同事，下辈子我们还是同事！因为是你们，让这个时代看到了希望，在座的你们就像中国所有的80后、90后那样，你们在建立一种新的信任，这种信任就让世界更开放，更透明，更懂得分享，更承担责任，我为你们感到骄傲。

이 자리에 앉아 계시는 알리바바인들, 타오바오인들, 소규모 금융인들, 나는 여러분이 너무나 자랑스럽습니다. 이번 생애에 여러분과 동료가 되었는데, 다음 생애에도 우리는 여전히 동료일 것입니다. 여러분 덕분에 이 시대는 희망을 보았고 앉아 계시는 당신들은 중국의 모든 80년대 90년대 생처럼 새로운 신임을 만들고 있습니다. 이런 신임은 세계를 더욱 개방적이게, 더욱 투명하게, 더욱 나눌 수 있게, 더욱 책임감 있게 할 것입니다. 나는 여러분이 너무나 자랑스럽습니다.

단락[7]에서는 다시 한 번 청중들에게 감사의 인사를 하면서 신임이 만들어지는 세상에 대해 언급하였다.

이처럼 얼거리에서는 과거부터 지금까지의 일을 회상하면서 감사의 인사를 하며 10년전 사스가 창궐하던 중국 사회, 어려웠던 창업 초기를 회상하고 지금까지 성장할 수 있었던 원천을 믿음, 신뢰라고 강조한다. 전자

상거래 자체가 일종의 신임이라고 강조하면서, 지금의 성공을 이끌어 준 청중들에게 다시 한 번 감사의 인사를 한다. 이는 본격적인 연설에 들어가기 전 예비 본론의 전형을 보여 주는 것이라 할 수 있다.

2.3. 밝히기

밝기기 부분은 총 단락[8]부터 [16]까지 총 아홉 단락으로 구성된다. 본 장에서는 직접 논증을 구체화한 한 수사적 삼단논법 혹은 생략삼단논법을 이용해서 밝히기의 내용을 분석해본다.

단락[10]

很多人讨厌变化，但是正因为我们把握住了所有的变化，我们才看到了未来，未来30年，这个世界，这个中国，将会有更多的变化，这种变化对每一个人是一个机会，抓住这次机会，我们很多人埋怨昨天，30年以前的问题，中国发展到今天，谁都没有经验，世界发展到今天，谁都没有经验，我们没有办法改变昨天，但是30年以后的今天，是我们今天这帮人决定的，改变自己，从点滴做起。

많은 사람들이 변화를 싫어합니다. 하지만 우리는 모든 변화를 장악했기에 미래를 볼 수 있었습니다. 앞으로 30년, 이 세계에는 그리고 중국에는 훨씬 더 많은 변화가 있을 것이고, 이런 변화는 한 사람 한 사람에게 기회가 될 것이니 이 기회를 잡아야 합니다. 많은 사람들이 어제를, 30년 전의 문제를 불평합니다. 중국이 오늘날까지 발전한 것, 세계가 이렇게 발전한 것은 어느 누구도 경험해보지 못한 것입니다. 우리는 어제를 바꿀 수는 없지만 30년 후의 오늘은 우리들이 결정하는 것입니다. 스스로를 바꾸고 작은 것부터 시작하십시오.

다음은 단락[10]의 내용을 통해 도출해 낸 삼단논법이다.

구분	내용
대전제	变化的世界里有机会。 변화의 시대에 기회가 있다.
소전제	未来的30年是变化的时代。 앞으로 30년은 변화의 시대이다.
결론	要抓住未来的机会。 앞으로의 기회를 잡아야 한다.

단락[12]

参与阿里巴巴的建设14年，我荣幸我是一个商人，今天人类已经进入了商业社会，但是很遗憾，这个世界商人没有得到他们应该得到的尊重，商人在这个时代已经不是唯利是图的时代，我想我们跟任何一个职业，任何一个艺术家、教育家、政治家一样，我们在尽自己最大的努力，去完善这个社会。

알리바바의 건설에 참여한 지 14년, 저는 제가 상인이라는 것에 대해 매우 영광스럽게 생각합니다. 오늘날 인류는 이미 상업 사회에 진입했으나, 매우 유감스럽게도 이 세상의 상인들은 그들이 당연히 받아야할 존중을 받지 못하고 있습니다. 이 시대는 이미 상인이 오직 이윤만을 추구하는 시대가 아닙니다. 제 생각에 우리는 다른 직종, 이를테면 예술가, 교육자, 정치인과 같이 최대한의 노력으로 이 사회를 완성시키고 있습니다.

다음은 단락[12]의 내용을 통해 도출해 낸 삼단논법이다.

구분	내용
대전제	唯利是图不能收到尊重。 이윤추구만 해서는 존중받을 수 없다.
소전제	商人不再是唯利是图，就去改变社会。 상인은 이제 더 이상 이윤추구만을 하지 않고, 사회를 변화시킨다.
결론	我们要尊重商人。 우리는 상인을 존중해야 한다.

단락[14]

看到你们，看到中国的年轻人，我不希望有一天我们这些人再来一个致我们逝去的中年。这世界谁也没把握你能红五年，谁也没有可能说你会不败，你会不老，你会不糊涂。解决你不败，不老，不糊涂的唯一办法，相信年轻人！因为相信他们，就是相信未来。所以我再我将不会回到阿里巴巴做CEO。要我回也不会回来，因为回来也没有用，你们会做得更好！

당신들을, 중국의 젊은이들을 보고 저는 어느 날 우리에게 가버린 중년이 다시 오기를 바라지는 않습니다. 이 세상 누구도 당신이 오년을 흥할 것이라고 장담할 수 없고, 누구도 당신이 패배하지 않을 것이라고, 당신은 늙지 않을 것이라고, 당신이 어리석지 않을 것이라고 말할 수 없습니다. 당신이 패배하지 않고, 늙지 않고, 어리석지 않을 유일한 방법은 젊은이들을 믿는 것입니다. 그들을 믿는 것은 미래를 믿는 것이기 때문입니다. 그래서 저는 다시 알리바바의 CEO로 돌아오지 않을 것입니다. 저보고 돌아오라고 해도 돌아올 수 없으며, 돌아와도 소용없습니다. 당신들은 저보다 뛰어날 것입니다!

다음은 단락[14]의 내용을 통해 도출해 낸 삼단논법이다.

구분	내용
대전제	谁都会失败、老、糊涂。 누구나 실패하고, 늙고, 어리석을 수 있다.
소전제	我也包括那些人。 나도 그 누구에 속한다
결론	我也会失败、老、糊涂。 나도 실패하고, 늙고, 어리석을 수 있다.

구분	내용
대전제	厉害的人要做工作。 뛰어난 사람 일을 해야 한다.
소전제	你们比我更厉害。 당신들은 나보다 뛰어나다.
결론	我不会再回来。 나는 돌아오지 않는다.

단락[16]

这里，14年前，我们提出了“让天下没有难做的生意，帮助小企业成长。”今天这个使命落到了你们身上，我还想再为小企业讲，人们说电子商务、互联网制造了不公平，但是我的理解，互联网制造了真正的公平。请问，全国各省、各市、各地区，有哪个地方为小企业、初创企业提供税收优惠，互联网给了小企业这个机会。有些企业三五年内享受了五六个亿用户，他们呼唤跟小企业共同追求平等，小企业需要的就是500块钱的税收优惠，请所有阿里人支持他们，他们一定会成为中国将来最大的纳税者。

여기에서 14년 전 우리는 "세상에 어려운 사업은 없다. 영세기업이 성장하도록 돕자."라고 제창했습니다. 오늘날 이 사명은 당신들에게 맡겨졌고, 저는 여전히 영세기업을 위해 말하고 싶습니다. 사람들은 전자상거래, 인터넷이 불공평을 조장한다고 말하지만 저는 인터넷이 진정한 공평함을 만든다고 봅니다. 묻겠습니다. 전국 각 성, 각 시, 각 지역 어느 곳이 영세기업과 스타트 업을 위해 세금 혜택을 주는지요? 인터넷은 영세기업에게 이런 기회를 줍니다. 일부 기업들은 3년에서 5년 내에 사용자가 5~6억 명에 달합니다. 그들은 영세기업과 공동으로 평등을 추구하겠다고 말합니다. 영세기업에게 필요한 것은 500위안의 세금 혜택입니다. 모든 알리바바인들은 그들을 지지해 주세요. 그들은 꼭 중국 장래에 최대의 납세자가 될 것입니다.

다음은 단락[16]로부터 도출해낸 삼단논법이다.

구분	내용
대전제	中国各省，各市，各地区没有给小企业，创企业提供的税收优惠。 중국의 각성, 각시, 각 지역은 영세기업과 기업창업에 세금혜택을 주지 않는다.
소전제	互联网给了小企业这个机会。 인터넷은 영세기업에게 이러한 기회를 준다.
결론	互联网才会造成公平。 인터넷이야말로 공평하다.

단락[16]에는 마윈의 확고한 경영 철학이 담겨 있다. 회사의 핵심 역량은 기술이 아니라 회사의 문화라고 이야기하는 마윈은 전 세계 소규모 상인들과 중소기업들의 거래를 활발하게 하여 일자리를 창출하는 일에 큰 자부심을 느낀다. 알리바바 그룹의 목표는 돈을 많이 버는 것보다 소규모 상인들을 잘 살게 하는 것이며 이익은 그에 따라오게 마련이라고 말한다.

마윈 퇴임 연설의 밝히기에 해당하는 단락[8]부터 [16] 이외에도 마무리에 해당하는 단락[19]에서도 연설자의 퇴임을 언급하는 부분에서 삼단논법을 도출할 수 있었다.

단락[19]

我相信，我也恳请所有的人像支持我一样，支持新的团队，支持陆兆禧，像信任我一样信任新团队、信任陆兆禧，谢谢大家，明天开始，我将有我自己新的生活，我是幸运的，在我48岁，我就可以离开我的工作，在座每个人你们也会，48岁之前工作是我的生活，明天开始，生活将是我的工作，欢迎陆兆禧。

모든 사람이 저를 지지했듯이 새로운 구성원들을 지지해주고 루자오시를 지지해주고, 저를 신임했듯이 그들과 루자오시를 신임해 줄 것이라고 믿어 의심치 않습니다. 여러분 감사합니다. 내일을 시작으로 저는 제 자신의 새로운 삶을 시작할 것입니다. 저는 운이 좋은 사람입니다. 48세에 제 일을 떠날 수 있으니까요. 앉아 계신 여러분들도 가능합니다. 48세 이전에는 일이 자신의 삶이었다면 내일부터는 삶이 곧 저의 일이 될 것입니다. 루자오시를 환영합니다.

다음은 단락[19]의 내용으로부터 도출해낸 삼단논법이다.

구분	내용
대전제	我们公司有48岁的时候能退休的规则。 우리 회사는 48세에 퇴직하는 것이 규정이다.
소전제	我也48岁就退休。 나도 48세가 되었으니 퇴직한다.
결론	大家也能48岁的时候退休。 여러분들도 48세에 퇴직할 수 있다.

2.4. 마무리

마무리 부분은 총 단락[17]부터 [19]까지 총 세 단락으로 구성된다. 연설자의 장래 계획과 후임을 소개하는 내용으로 연설을 마무리 짓는다.

단락[17]

感谢各位，我将会从事一些自己感兴趣的事儿，教育、环保，刚才那首歌 “Heal the world”，这世界很多事，我们做不了，这世界奥巴马就一个，但是太多的人把自己当奥巴马看。这世界每个人做好自己那份工作，做好自己感兴趣的那份工作，已经很了不起，我们一起努力除了工作以外，完善中国的环境，让水清澈，让天空湛蓝，让粮食安全，我拜托大家！（马云单膝下跪）

여러분 감사합니다. 저는 앞으로 제가 관심을 가졌던 분야인 교육, 환경보호에 힘쓸 것입니다. 방금 그 “Heal the world” 노래처럼, 이 세상에는 우리가 해 낼 수 없는 많은 일들이 있습니다. 이 세상에 오바마는 단한 명입니다, 그러나 많은 사람들은 자신이 오바마인 줄 압니다. 이 세상에서 각자가 자신의 일을 잘 해내고, 자기가 좋아하는 일을 잘 해내는 것만으로 이미 대단한 것입니다. 우리는 함께 열심히 일하는 것 외에 중국의 환경을 개선하는 일을 합시다. 물을 맑게 하고, 하늘을 파랗게 하며, 식량문제를 안전하게 합시다. 여러분에게 부탁합니다. (마윈이 한 쪽 무릎을 꿇는다.)

단락[17]에서는 앞으로 퇴임한 후에 연설자가 힘써야 할 일을 말하며 청중들에게도 이를 독려한다. 회사 운영 외에 인류를 위해 다 같이 힘써 줄 것을 권유하며 한 쪽 무릎을 꿇는다. 자신의 일에 최선을 다할 것은 물론 우리가 사는 앞으로 세대에게 물려줄 환경 개선에 대한 당부도 하고 있다. 개인의 사익 추구가 아닌 전 인류적인, 보편적인 문제에 대해 다 같이 관심을 가져줄 것을 당부하는 부분에서 마윈의 남다른 소신을 읽을 수 있으며, 여기서 청중들에게 강한 파토스가 전달되어 청중들은 감동한다.

단락[19]

我相信，我也恳请所有的人像支持我一样，支持新的团队，支持陆兆禧，像信任我一样信任新团队、信任陆兆禧，谢谢大家，明天开始，我将有我自己新的生活，我是幸运的，在我48岁，我就可以离开我的工作，在座每个人你们也会，48岁之前工作是我的生活，明天开始，生活将是我的工作，欢迎陆兆禧。

모든 사람이 저를 지지했듯이 새로운 구성원들을 지지해주고 루쟈오시를 지지해주고, 저를 신임했듯이 그들과 루쟈오시를 신임해 줄 것이라고 믿어 의심치 않습니다. 여러분 감사합니다. 내일을 시작으로 저는 제 자신의 새로운 삶을 시작할 것입니다. 저는 운이 좋은 사람입니다. 48세에 제 일을 떠날 수 있으니까요. 앉아 계신 여러분들도 가능합니다. 48세 이전에는 일이 자신의 삶이었다면 내일부터는 삶이 곧 저의 일이 될 것입니다. 루쟈오시를 환영합니다.

단락[19]에서는 청중들에게 자신을 믿어주었듯이 후임자인 루쟈오씨를 믿어줄 것을 호소하면서 연설을 마무리한다. 연설자가 하고 싶었던 말을 모두 한 후에 마무리로 사의 표명과 후임 소개를 한다. 마무리 부분은 앞에 나올 내용을 요약하면서 청중들의 감성을 자극하는 파토스가 극대화 되고 있어 감성을 최고조로 끌어올려 연설을 마무리 짓는 마무리의 요령을 잘 따르고 있다.

3. 표현

3.1. 어휘선택

연설자는 어휘를 선택할 때 '이 표현이 상황과 대상에 적합한가?'를 항상 염두에 둔다. 때문에 연설문에 사용된 어휘를 분석해 보면 내면에 숨겨진 연설자의 의도를 파악할 수 있다. 퇴임 연설이기는 하지만 본 연설의 제목은 "신임하라, 새로운 시대는 젊은이들의 것이다.(选择信任，新时代属于年轻人)"이다. '신임(信任)'이라는 단어가 본 연설에서 총 13번 등장하면서 본 연설의 주제이자 핵심 키워드임을 보여주고 있다. '신임'으로 알리바바가 성공할 수 있었고, 전자상거래 자체가 신임의 유통이며, 여러분이 나를 신임했고, 고객들이 알리바바를 신임했으며, 앞으로 후임인 루짜오씨도 신임해달라고 호소한다. 아울러, '변화(变化)', '기회(机会)'라는 단어도 자주 등장한다. 변화는 총 9번, 기회는 총 7번 등장했는데, 현 시대의 키워드인 변화 속에서 기회를 찾을 것을 강조한다. '자랑스럽다(骄傲)'라는 단어를 총 4번 사용하여 알라바바인들에게 자부심을 느끼고 있음을 강조한다. 이는 식장텍스트의 한 분류인 칭찬텍스트로 볼 수 있다. 이처럼 연설을 통해 전하고자 하는 핵심 키워드로 반복적으로 노출시키면서 청중들에게 주제를 각인시키는 효과를 보았다.

3.2. 수사법

3.2.1. 배비(排比)와 반복(反復)

배비는 유사한 형식의 구 또는 문장의 세 번 이상의 반복을 말하며, 반복은 단어, 문장, 단락의 반복을 통해서 의미를 강조하는 수사법이다.

단락[4]

我一直在想，即使把今年阿里巴巴集团99%的东西拿掉，我们还是值得的，今生无悔，更何况我们今天有了那么多的朋友，那么多相信的人，那么多坚持的人。

저는 당장 알리바바의 지분 99%가 사라진다고 하더라도 우리는 여전히 가치가 있으며, 이번 생애는 후회가 없을 것이라고 줄곧 생각해 왔습니다. 더군다나 오늘날 우리에게는 이렇게 많은 친구들, 이렇게 많은 우리를 믿어주는 사람들, 이렇게 많은 노력하는 사람들이 있으니까요.

단락[4]에서 '那么多'로 시작되는 유사 구조의 구문을 세 번 반복하면서 배비의 효과를 얻었다. 친구들, 믿어주는 사람들, 노력하는 사람들이 아주 많음을 강조하고 있다.

단락[5]

其实自己在想是什么东西让我们有了今天，是什么让马云有了今天，我是没有理由成功的，阿里也没有理由成功，淘宝更没有理由成功.

사실 그 무엇인가가 우리의 오늘이 있게 했으며, 그 무엇이 마윈의 오늘을 있게 했는지 생각해보면 저는 정말 성공할 이유가 없으며, 알리바바도 성공할 이유가 없고, 타오바오는 더욱 성공할 이유가 없습니다.

我们选择十年以后的中国会更好，我们选择相信我的同事会做得比我更好，我相信中国的年轻人会做得比我们更好。

우리는 10년 뒤 중국은 더 좋아질 것이라고 믿기로 했고, 우리는 동료들이 나보다 더 잘할 것이라고 믿기로 했고, 저는 중국의 젊은이들이 우리보다 더 잘해낼 것이라고 믿기로 했습니다.

단락[5]의 첫 번째 예문을 살펴보면 "没有理由成功(성공할 이유가 없다)"을 포함한 유사 구조의 문장을 세 번 반복하여 배비의 효과를 얻은 것을 볼 수 있다. 또한 두 번째 예문을 살펴보면 "我(们) ~ 更好(우리는 ~ 더욱 좋다)" 구조의 문장이 세 번 반복되어 이 또한 배비가 적용된 것으로 볼 수 있다.

단락[7]

这种信任就让世界更开放，更透明，更懂得分享，更承担责任。

이런 신임은 세계를 더욱 개방적이게, 더욱 투명하게, 더욱 나눌 수 있게, 더욱 책임감 있게 할 것입니다.

위의 단락[7]의 예문을 보면 '更~(더욱)' 구조를 반복적으로 사용하여 신임이 더 좋은 세상을만들 것이라는 메시지를 전달하며 강조의 효과를 보았다.

단락[8]

30年以前，我们谁都没想到今天会这样，谁都没想到中国会成为制造业大国，谁都没想到，电脑会深入人心，谁都没想到互联网在中国会发展得那么好。谁都没有想到，淘宝会起来，谁都没想到雅虎会有今天。这是一个变化的世界，我们谁都没想到，我们今天可以聚在这里，继续畅想未来。

30년 전에는 누구도 지금의 모습을 생각하지 못했습니다. 중국이 제조업 대국이 될 것이라고 생각하지 못했으며, 컴퓨터가 이렇게 사람들의 삶과 밀접해 질 것이라고 생각하지 못했으며, 인터넷이 중국에서 이처럼 발전할 것이라고 생각하지 못했습니다. 타오바오가 이렇게 성장할 것이라고 생각하지 못했으며, 야후의 오늘이 있을 이라고는 어느 누구도 생각하지 못했습니다. 지금은 변화의 시대입니다. 우리 중 그 누구도 우리가 오늘날 여기에 모여 마음껏 미래를 그려 볼 것이라고는 생각하지 못했습니다.

위의 단락[8]에서는 "谁都没想到(누구도 생각하지 못하다.)"를 무려 일곱 번 반복함으로써 배비의 효과를 얻었는데, 누구도 상상하지 못 할 정도로 눈부시게 변화 발전한 현재 중국의 모습과 타오바오의 모습을 연결하여 말하고 있다.

3.2.2. 비유(比喻)

본질이 다르지만 유사점이 있는 B사물을 이용하여 A사물을 설명하는 수사방식이다. 비유법의 종류와 쓰임은 다양한데, 본 연설문에서는 직유, 은유, 환유의 쓰임을 볼 수 있었다.

① 직유(直喻)

'마치 무엇과 같다(好象)', '~와 닮다(似的)' 등의 비유사가 출현하는 비유법의 일종으로 본체의 의미를 좀 더 명확하게 설명하기 위해 사용된다.

단락[2]

大家很奇怪，就像姑娘盼着结婚，新娘子到了结婚这一天，除了会傻笑，真的不知道该干什么。

참 이상하죠. 마치 결혼 날 만을 기다렸다가 막상 결혼식 날이 되니 바보처럼 웃는 것 이외에는 무엇을 해야 할지 모르는 새색시가 된 것 같습니다.

단락[2]의 "就像姑娘盼着结婚(마치 결혼 날 만을 기다렸다가)"의 구문에서 '像(마치 ~인 것 같다.)'라는 비유사를 사용하여 자신의 심정을 결혼할 날만을 고대하는 새색시가 결혼식 날 아무 말도 못하는 것에 상황에 빗대어 말하고 있다.

단락[7]

因为是你们，让这个时代看到了希望，在座的你们就像中国所有的80后、90后那样，你们在建立一种新的信任，这种信任就让世界更开放，更透明，更懂得分享，更承担责任，我为你们感到骄傲。

여러분 덕분에 이 시대는 희망을 보았고 앉아 계시는 당신들은 중국의 모든 80년대, 90년대 생처럼 새로운 신임을 만들고 있습니다. 이런 신임은 세계를 더욱 개방적이게, 더욱 투명하게, 더욱 나눌 수 있게, 더욱 책임감 있게 할 것입니다. 나는 여러분이 너무나 자랑스럽습니다.

단락[7]에서 "像中国所有的80后、90后那样(중국의 모든 80년대, 90년대 생처럼)"의 구문에서 '像~那样(마치 ~인 것 같다)'라는 비유사를 사용하여 직유법으로 표현했다. 청중들을 80년대, 90년대 생과 같은 젊은 세대에 비유하여 생동감 있게 표현하였다.

② 은유(隱喩)

본체, 비유체, 비유사가 모두 출현하는 수사법으로 비유사는 주로 '是(~이다)', '成了(~되다)' 등이 주로 쓰인다.

단락[6]

每天2,400万笔淘宝的交易，意味着在中国有2400万个信任在流转着。

매일 타오바오에서 일어나는 2,400만 건의 구매가 바로 신뢰가 유통되고 있다는 의미입니다.

단락[6]에서는 타오바오에서 이루어지는 매일 2,400건의 구매를 '신뢰의 유통'에 비유하고 있는데 이 때 비유체 '意味着(~을 의미한다)'를 사용하였기 때문에 은유법을 사용한 표현으로 볼 수 있다.

③ 환유(換喩)

표현하고자 하는 어떤 대상을 부를 때 그 대상의 일부분이나 특징을 나타내는 다른 말로 대체하는 수사법을 가리킨다.

단락[17]

刚才那首歌'Heal the world'，这世界很多事，我们做不了，这世界奥巴马就一个，但是太多的人把自己当奥巴马看。

방금 그 'Heal the world' 노래처럼, 이 세상에는 우리가 해 낼 수 없는 많은 일들이 있습니다. 이 세상에 오바마는 단 한 명이나, 많은 사람들은 자신이 오바마인 줄 압니다.

위의 내용을 살펴보면 본체와 비유사의 출현 없이 '모든 일을 할 수 있는 사람'의 의미를 지닌 '오바마', 즉 비유체만 단독으로 출현한 것을 볼 수 있다. 때문에 이는 환유가 적용된 문장이다.

지금까지 살펴본 바와 같이 본 연설문에서는 직유, 환유, 은유와 같은 다양한 비유법이 사용되었다. 이를 통해 연설문이라는 자칫하면 메마르고 딱딱하게 들릴 수 있는 글에 생동감을 더해 주었다. 비유는 관념을 생생하게 하고 힘 있게 만드는 구실을 한다. 우선 연설자 자신을 새색시에 비유하여 자신의 현재 심정을 생동감 있게 표현하였다. 또한 사람들이 자신을 '오바마'로 안다며, 모든 것을 해낼 수 있는 능력을 가진 사람에 비유하여 강렬한 인상을 주었다. 마지막으로 '구매의 성사'를 '신뢰'에 비유하여 구매라는 개념에 색다른 이미지를 입혔다. 이처럼 비유의 적절한 사용으로 연설문 표현상의 입체적인 효과를 갖게 되었다.

3.2.3. 대우(對偶)

두 개의 글자 수가 동일하거나 구조가 서로 비슷한 구 또는 문장을 사용하여 서로 관련되거나 상반된 의미를 나타내는 수사법으로 우리말의 대구법(對句法)과 유사하다.

단락[19]

在我48岁，我就可以离开我的工作，在座每个人你们也会，48岁之前工作是我的生活，明天开始，生活将是我的工作。

48세에 저는 제 일을 떠날 수 있으니까요. 앉아 계신 여러분들도 가능합니다. 48세 이전에는 일이 자신의 삶이었다면 내일부터는 삶이 곧 저의 일이 될 것입니다.

위의 내용을 살펴보면 '퇴임 전 A는 B이다.', '퇴임 후 B는 A이다.'의 문장 구조를 볼 수 있다. 이는 앞뒤 문장이 상반된 내용을 가진 대우를 적용한 것으로, 이는 이제까지 일에 몰두하는 삶을 살았지만 앞으로는 또 다른 의미 있는 삶을 찾아 열심히 살겠다는 연설자의 포부를 밝히기 위해 사용되었다.

3.2.4. 끝말잇기(頂眞)

앞의 말의 문미로 뒷말의 문두를 시작하는 수사법이다.

[9] 我们很多人还没搞清楚什么是PC互联网，移动互联来了；我们在没搞清楚移动互联的时候，大数据时代又来了。

우리 중 많은 사람이 무엇이 PC인터넷인지 모를 때 모바일 인터넷 시대가 왔고, 무엇이 모바일 인터넷인지도 모를 때 빅데이터의 시대가 왔습니다.

위는 중국의 네트워크 인프라가 매우 급속도로 발전하고 있다는 설명을 위한 문장인데, 각 문장의 문미에 互联(인터넷)이라는 용어가 오고, 다시 그 다음 문장의 문두에 互联(인터넷)이 오는 것을 볼 수 있다. 보통 끝말잇기 수사법은 a-b, b-c 식으로 동일한 표현을 앞뒤 연달아 사용하는 경우가 일반적이지만, 위의 예문과 같이 b와 b 중간에 간격을 두고 사용되는 경우도 있다.

3.2.5. 연용(联用)

의미가 연관되고, 구조가 같고, 어기가 일치하는 두 개 이상의 어휘를 나열되는 수사법을 말한다. 우리말 수사법에서는 열거법(列擧法)이라고 칭한다.

단락[12]

14年的从商，让我懂得了人生，让我懂得了什么是艰苦，什么是坚持，什么是责任，什么是别人成功了，才是自己的成功。

14년간 상업에 종사하면서 저는 인생을 배웠고, 무엇이 역경이고, 무엇이 끈기이며, 무엇이 책임이고, 타인의 성공이 곧 나의 성공임을 배웠습니다.

위의 내용을 살펴보면 '什么是~(무엇이~)' 구조를 네 차례 반복적으로 사용하면서, '고통', '끈기', '책임', '타인의 성공이 곧 나의 성공'와 같은 자신이 깨달은 가치들을 하나하나 열거하고 있다.

3.2.6. 점층(层递)

문장의 뜻을 점점 강하게 하거나, 크게 하거나, 높게 하여 마침내 절정에 이르도록 하는 수사법이다.

단락[19]

我相信，我也恳请所有的人像支持我一样，支持新的团队，支持陆兆禧，像信任我一样信任新团队、信任陆兆禧。

모든 사람이 저를 지지했듯이 새로운 구성원들을 지지해주고, 루자오시를 지지해주고, 저를 신임했듯이 그들과 루자오시를 신임해 줄 것이라고 믿어 의심치 않습니다.

위의 내용을 살펴보면 '支持(지지)'과 '信任(신임)'을 점층적 구조 속에 반복적으로 사용하여 후임에 대한 청중들의 신임을 강하게 호소하고 있다. 이를 통해 '나'에서 '새로운 단체'로, '새로운 단체'에서 '새 후임인 루자오시'로 단계적인 상승 구조를 통해 감정을 고조시키는 효과를 보고 있다.

3.2.7. 인용(引用)

주로 타인의 글이나 말을 인용하여 본인 말의 설득력을 높이는 수사법이다. 본 연설에 나오는 영화 제목과 노래 제목도 인용으로 볼 수 있다.

단락[6]

我从没想过在中国，大家都认为这是一个缺乏信任的时代，它居然你会从一个你都没有听见过的名字，闻香识女人这样人的身上，付钱给他，买一个你可能从来没见过的东西，经过上千上百公里，通过一个你不认识的人，到了你手上。

저는 중국에서, 다들 신뢰가 부족하다고 여기는 시대에 놀랍게도 한 번도 이름을 들어본 적 없는 '여인의 향기'에서와 같은 생면부지의 사람에게 돈을 지불하고, 본 적 없는 물건을 사고, 수천 수백 킬로미터를 넘어와 모르는 사람을 통해 물건을 받게 될 것이라고는 상상도 못했습니다.

단락[17]

感谢各位，我将会从事一些自己感兴趣的事儿，教育、环保，刚才那首歌"Heal the world"，这世界很多事，我们做不了。

여러분 감사합니다. 저는 앞으로 제가 관심을 가졌던 분야인 교육, 환경보호에 힘쓸 것입니다. 방금 그 "Heal the world" 노래처럼, 이 세상에는 우리가 해 낼 수 없는 많은 일들이 있습니다.

단락[6]에서 영화 제목 '여인의 향기'를 인용하였고, 단락[17]에서는 마이클 잭슨의 노래 'Heal the world'를 인용하였다. 영화 제목과 노래 제목을 각각 언급함으로써 단조로울 수 있는 연설에 일탈의 효과를 노렸다.

4. 암기

마윈의 퇴임 연설은 대본을 보지 않고 진행된다. 자신의 최근 심경에 대한 묘사를 시작으로 알리바바의 성장 과정을 회고하고, 현재 상황의 서술하며, 미래의 비전을 제시하고, 후임의 소개한다. 이러한 일련의 과정을 설명하면서 그는 대본 없이 자연스럽게 연설한다. 사실 마윈은 본 연설뿐만 아니라 기타의 모든 연설에서도 대본 없이 연설한다. 마윈의 연설은 무엇인가를 기록하여 발표하는 형식이 아니라 자신의 경험에서 우러나오는 이야기들을 자신감 있게 강한 어조로, 때로는 재미있는 말로 대본 없이 자연스럽게 풀어낸다. 이것이 마윈의 연설이 가지는 강점인데, 대본 없는 연설은 연설자에 대한 청중의 신뢰를 배가시켜서 청중이 연설자의 말에 진정성을 느끼고 연설에 집중하게끔 한다.

5. 발표

5.1. 언어적 요소

본 연설은 여타의 마윈의 연설과는 다르게 긴 템포의 웅변적인 어투의 연설이다. 메시지를 명확하게 전달하기 위해 단락별로 휴지(休止)가 있으며 그 休止를 통해 청중들의 박수 등 반응을 유도한다. 마윈은 항주 태생으로 남방 발음의 보유자이나 상당히 정확한 표준어 발음을 구사한다. 마윈 연설의 정확한 발음과 말의 적절한 강약 조절은 청중으로 하여금 연설의 논지에 더욱 집중하게끔 한다.

5.2. 비언어적 요소

본 퇴임식에서 마윈은 하얀 셔츠에 검은 정장 바지 차림을 하고 있다. 과하지도 않고 부족하지도 않으며 적당하게 공식적은 느낌을 주는 깔끔한 차림이다. 마윈의 표정에서는 비장함이 느껴진다. 자신이 세계적인 그룹으로 키운 알리바바의 CEO 자리에서 물러나는 날이기에 만감이 교차할 것이다. 그런 심경이 말투에 고스란히 묻어난다. 이어서 후임과 젊은이들에게 알리바바를 잘 이끌어 나가 달라고 당부한다. 마윈은 자유자재로 무대를 왔다 갔다 하면서 연설하는데 강조하고 싶을 때는 두 손을 사용한다. 연설 도중 주먹을 쥐기도 하고 펴기도 하면서 강약을 조절한다.

단락[17]

这世界每个人做好自己那份工作，做好自己感兴趣的那份工作，已经很了不起，我们一起努力除了工作以外，完善中国的环境，让水清澈，让天空湛蓝，让粮食安全，我拜托大家！（马云单膝下跪）

이 세상에서 각자가 자신의 일을 잘 해내고, 자기가 좋아하는 일을 잘 해내는 것만으로 이미 대단한 것입니다. 우리는 함께 열심히 일하는 것 외에 중국의 환경을 개선하는 일을 합시다. 물을 맑게 하고, 하늘을 파랗게 하며, 식량문제를 안전하게 합시다. 여러분에게 부탁합니다!(마윈이 한 쪽 무릎을 꿇는다.)

단락[17] 후반부에서 청중들에게 인류를 위한 일을 해 줄 것을 당부하며 한 쪽 무릎을 꿇는다. 이 때 청중들의 우레와 같은 박수가 터져 나온다. 마윈의 한 쪽 무릎을 꿇는 행동을 통해 청중들은 감동을 받았고, 박수로 화답한다. 이는 아리스토텔레스의 설득의 세 가지 수단 중 청자의 감정을 자극한 파토스로 볼 수 있다.

연설문 출처

텍스트 - http://tech.sina.com.cn/i/2013-05-10/21478327784.shtm
동영상 - https://www.youtube.com/watch?v=Yn7NswH_CaQ

IV
예술인의 연설

1. 진곤(陈坤) - TV 프로그램 『开讲啦』 연설 (2014)

2. 주걸륜(周杰伦) - TV 프로그램 『开讲啦』 연설 (2013)

1. 진곤(陈坤)
– TV 프로그램『开讲啦』 연설(2014)

주제

"人生路 莫慌张。(인생길에서 당황하지 마세요.)"

『开讲啦』는 한국의 『세상을 바꾸는 시간 15분』(이하 『세바시』)와 동일한 형태의 강연 프로그램이다. 본고는 이 프로그램의 첫 번째 출연자 진곤의 강연 텍스트를 분석 대상으로 삼았다. 그는 국민 배우이며, 사회적인 지위 또한 높은 40대 청장년층이다. 어려운 가정환경을 극복하고 자수성가한 그는 중국이 고도성장을 시작하기 이전 시기에 태어나 현재까지 발전 중인 중국을 몸으로 체험한 산증인이다. 이러한 그가 청장년층에게 조언자로써 『开讲啦』에 출현해 '인생길에서 당황하지 말자(人生路 莫慌张)'라는 주제를 어떻게 풀어나가는지 수사학적 분석을 시도한다.

연설문 원문

[1]同学们好，上台之前我非常地紧张，特别地紧张，我一直跟周边的朋友说，你别跟我说话，我紧张。他们没有一个人相信，他们觉得我演了很多的戏了，见到每个场合的时候，应该是很淡然的，实际上我真的紧张。我一紧张的时候，就不怎么能控制住我的脸，大家都爱问我的眉毛为什么是这样子的，我的左眉毛跟右眉毛，，我睡觉的时候就不见了，早上才回来，我经常问它们："你们去干嘛去了"它们说："去表现去了"。我的幽默冷到大家都没有反应。但是我上场之前，听到撒贝宁的笑话这么冷，我突然觉得我充满了信心。大家给我的掌声，我就会觉得很开心。同样我也会在某一个角落里面，我的细腻和敏感，也会看到某一个人没有给我鼓掌的时候，我心里难过。

[2]上场之前，制片人跟我说，前面会有十位非常优秀的朋友坐在前面，我当时觉得我是在做一个电影学院的第一次考试，我从小长到大，最害怕的莫过于竞赛型的，或者是表现类的东西，因为我小时候一直是一个比较自卑的人。在2008年之前，我都不是特别爱说话，但是没想到从2008年之后，我变成了一个话痨。那这个变化来自于什么地方呢？来自于我心理力量的转变，每个人都看到了陈坤以前忧郁的样子，"忧郁"这两个字，已经好像是他身上扔不掉的一个后缀词，但是在我身上，在我的内心深处，我要告诉大家，我是多种颜色的。

[3]我是看《封神榜》长大的小孩，所有同学他们都在看

《红楼梦》、《水浒》、《三国》，或者是名著，而我呢，从小到大都喜欢看的是《封神榜》。我是75后的人，水瓶座，B型血，非常地自恋，非常地骄傲，也非常地脆弱，非常地自卑，到现在还是这样。我小时候跟外婆长大，我在下面有两个弟弟，在我的家乡，我们那个小城是少有的单亲家庭的孩子，我不怎么说话，不知道那个自卑来自于哪里。可能是来自于家里没有父亲；或者因为我母亲工作也不容易，我跟着外婆长大的时候，我比较软弱；或者是因为在春游的时候，小朋友分组，没有人愿意跟我一组。我的外婆比较节约，家里也比较穷，所以呢，我带不了什么东西可以跟大家分享，稍微有一点被孤立的感觉，其实在那个时候，在我柔软的外表下面，已经孕育着非常强烈的，属于自我的一个世界出现了，在那个过程里面，还有一个小说对我非常地有吸引力，那就是《基督山伯爵》。《基督山伯爵》里面，他去找到一个宝藏了之后，他的手上捧了一大把钻石宝石的时候，我每次都停在那一页上看。因为我小时候家里比较穷，我就一直看那一页，我一直梦想着，有一天我会非常的富有。

[4]我感谢小时候，我在走路的过程里面，我创造故事的能力，所以让我现在在写微博也好，或者是我在写接下来的书也好，我有我的惯性，我就开始用这样的方式在思考。所以我跟大家分享是什么呢？分享的是我的汇报，就是我跟大家汇报，我就是这么长大的，我感谢我小时候，我那段较为扭曲、较为拧巴、较为嫉恨、较为脆弱的一个少年时代。但是我没有选择错一条路，因为到今天为止，我依然不认为，未

来我更有名，成为了更大的明星，赚更多钱的时候，我会更快乐。

[5]在大学的时候，我依然也是一个比较闷的人，但那个时候的闷，跟小学时候的闷很不一样，大学时候的闷是带着一个小小的优越感的。这个优越感来自于什么呢？我观察过我自己，因为自卑。人是这样的，你会在身边看到很多骄傲的人，你跟他说一个什么呢，或者他得到一个好的职位的时候，他会莫名其妙的骄傲。比如说一个高管，跟你说话的时候，你会说：“陈总，你怎么样？”“不错啊”。这种傲慢和骄傲，很大一部分来自于他内心的自卑。

[6]我在上电影学院的时候，就有一种很自卑的骄傲，跟同学不怎么交流，经常看到一个同学家里条件比较好的时候，就想，有什么了不起，不就是家里条件好吗？非常的自卑。并且在这个同学面前，还会表现出来，I don’t care，这个骄傲到今天还会存在。就好像一个好朋友，他开了一辆很棒的车到我面前的时候：“哎呀，我这个车很棒！”“不就是一辆车吗？”虽然我心里很想要，但是我看见了我的心态，有一种很奇怪的，莫名的骄傲。

[7]什么讲了这么一堆给大家听呢？是说我们每个人在面对任何一个人的时候，你可以静下心来，听听你内心的声音，为什么你这么做？

[8]就来追溯这个思维方式，好吗？为什么我上场的时候，非常紧张，害怕没有掌声。我在上面说的时候，面对一个很严肃的团体，我突然觉得我紧张了，我的紧张来自于这个。我有一个想要被回馈的诉求，所以我才紧张，是不是？但是

没想到，我上来之后，大家给了我很多掌声，我瞬间开始顺畅和放松了。为什么呢？那我想问一个问题，我自己陈坤的紧张跟放松，这两点都来自于你们的回馈，但是我自己是什么样呢？你们想过这个吗？有人说，如果你的上司对你说，你非常棒，你很高兴；那如果骂你呢？你就很沮丧，那你还不是被所有人被带走吗？在电影学院的时候，我被所有的一切带走，我被同学的好成绩带走，完了我故意装作不在乎。从长大到现在，我们所有人都永远是，别人扔球，我们在接球，但实际上，如果你心里定下来的时候，有很多球扔过来，你可以是不接的。是吗？

[9]象我前两天发生一个很小的事情，给新疆的小朋友捐钱，只有几万块钱，发出来之后，很多朋友给了我鼓励，但是我在看微博评论的时候，我因为有些人质疑我，我心里难过，我弟弟当时说了一句很棒的话，说你为什么没有看见90%的人在鼓励你，为你加油，为你呐喊，给你支持，你偏偏要看到一些尖锐的话题呢？

[10]想要做一个很棒的人，不是来自于你们要认可的，不是因为我做了一个“行走的力量”。我演戏演得好，大家会鼓励我，我现在比以前好，大家给我掌声，而我其实特别想做一个，我心里认为，我自己是一个很好的人。每个人都可能做过一个练习，在学校的时候，老师会说，你们问过自己吗？你是谁？好像我们貌似都问过，都是大概提问了一下，但我还是很希望大家很认真的问一下，你心里，你是谁？你想成为一个什么样的人？

[11]长大了之后，我遇见最麻烦的事情，莫过于2010年，我

离开我自己的经纪公司，我在以前的公司待了十年， 但是2010年的时候，我满了十年的约，完了之后，我要离开那个公司了，我跟你们面对一样的考试。在2010年，我要做自己的团队呢？还是我要加入另外一个，可以给我更多酬劳的，或者另外一个可以给我更多表演机会的公司？这成了我当时连续十五天没有睡觉，或者没有睡好觉的一个很大的难题。那个时候，我完全迷失了，完全迷失，为什么？因为我被我的贪欲，被我的欲望，被我的所有你们想象不到的一些诱惑，包括我自己心里造出来的一些东西，完全的带走了。

[12]举个例子吧，那时我离开我的公司的时候，有一个电影圈的朋友给我打电话说，我给你一点股票吧，你加入我的公司。还有另外一个人说，你到我的公司来吧，我三年保证你多少戏，对我很有诱惑。因为我不知道我踏出那一步，对于我意味着什么。有一天晚上，我就起来了，可能两三点钟，我就在窗台，把那个窗户打开，完了我站在那里就看，看外面，整个城市很安静。我问我自己一个问题：陈坤，你想做什么？没有答案，完全没有答案。我再问我自己，陈坤你心里到底想要什么？我突然开始回答我自己了，我的自我对话功能完全启动了。我说："你想要钱吗？"，我回答"我想"，"要多少钱你才开心？"，我说"要更多的钱"，完了我又问我自己："你要更多的钱是为什么呢？"，"我要买更多房子，这样会让我安全"，"那安全带给你的是什么？"，"安全带给我的是心里的平静"，"那平静带给我是什么？""平静是让我知道，我真的想要什么"。

[13]其实从我来北京开始，到现在为止，我每一次面对一个

邀请的时候，我都会问我自己一点点问题，2010年这一次问题，问得最彻底，我知道了，我说我要保持一颗清贫的心。其实这个清贫的心说起来非常地虚荣，为什么呢？今天我回过头去看这段话的时候，我依然在表演，为什么在表演？是因为面对太多的诱惑的时候，我不知道怎么办的时候，我只是找另外一个借口，来面对了上一个借口而已，只不过这个借口还比较漂亮。

[14]但是我想要的是什么呢？我想让我自己找到我的心，让我的心理力量越来越自然，越来越柔软，越来越强大的时候，我要改变环境对于我的影响。我希望我自己能够静随心变，有可能很多时候，我的暴脾气，我的计较的内心，我敏感的尖锐，依然在我身体里面时涌时现，只不过呢，我要跟大家分享是说，人生路还很很长，我才三十多岁，我们差不多吧？是吧？在我们差不多这个年龄，还有未来很长的路。

[15]我非常想要提倡一个新的方式，叫往回走。什么叫往回走？我们的眼睛永远看外面，看到所有人邀请我们，如果这个人邀请了，给了我一份工作，我非常地高兴，如果这个人没有给我一份工作机会，我去面试了之后，我会非常沮丧。所以我希望大家把眼光朝外看，从外面的所有人给我们的反馈，带来喜悦，找到新的一条路是，我们眼睛往里面看，看我们的心。怎么看我们的心？我提出了一个新的方法，也就是2010年，我们公司“东申童画”创造了一个关于心灵的，所有的人都认为不应该做的一个项目，叫“行走的力量”。“行走的力量”是通过行走的时候，把你的注意力，放在你的呼吸跟你的脚板心上面，不要看很远，只看着前面两步

路。简单的行走，就这么简单。我提供的是一个关于心灵的方法。希望大家把掌声送给“行走的力量”。

[16]我希望大家在未来的时间里面，因为我们今天的交流，因为我今天给你的分享，我们选择做最笨的方式，能够找到，或者听到自己内心的声音。为什么？因为在我身边，永远充满着非常多的聪明人，其实我在十多年的时间里面，特别想成为聪明人，我想成为一个了不起的人，被所有人赞扬的人。我希望自己更有名，更有钱，因为这样可以得到更多的奖赏。但是我告诉你，你们安静下来的时候，会发现你尊不尊重你自己，是最重要的。也就是说，当有一天，我做了一个很大的明星的时候，其实我心里一点快乐都没有的时候，是没有人知道的，只有我自己知道。

[17]我希望，在我们如此快节奏的生活和城市里面，在我们无数的诱惑和欲望面前，学会笨一点、慢一点、二一点、傻一点，因为整个社会的主流，随大流都是往前面走，快。马上，今天我投了五十块钱，明天拿到两百，逐利如此的快。很多人说，我们先把财富跟生活工作安排好了之后，等我有空闲时间的时候，再听我内心的声音不好吗？

[18]而我提供的方法是说，可不可以，大家现在就开始，先把你的心定下来，当你很清晰的看见，所有的诱惑和前进方向的时候，你选择想前进，还是想退回来？这个顺序我说清楚了吗？

[19]我不是一个可以跟大家分享我成绩的人，我没有任何东西值得你们觉得我了不起，或者我认为我自己了不起，我只是跟你们一样的，在我们每个人个体的人生道路上，想成为

自己心灵国王的人。我把这个方法，用我自己这个案例，放到你们的面前。你们能看到前几年的“忧郁小生”今天变成一个“话痨”的样子，并且同样的，我很快乐的在做着一些，我认为有意义的，也许别人认为无意义的事情，而我非常享受这种快乐的时候，你们要知道， 你们应该为我鼓掌，同样为你们自己鼓掌。因为只要你们一跨步开始，开始找到你们内心的平静开始，未来的道路，绝对是你可以掌握的。我推广的是，我希望有一天，大家知道，在无数的可以让你心安静下来的方法里面， 行走是一个很本能、很笨，可以让你觉得毫无作为的，但是可以找到你内心的方法之一。

[20]所以我们又回到今天的课题，叫做“人生路，莫慌张！”

번역문

[1]여러분 안녕하세요? 무대에 올라오기 전에 무척 되더군요. 정말이요. 친구들한테 긴장되니까 말 좀 걸지 말라고 해도 친구들은 저의 말을 믿지 않더군요. 아마 제가 이런 공연을 많이 해봤기 때문에 대수롭지 않게 여길 거라고 생각했나 봅니다. 하지만 실제론 많이 긴장이 됩니다. 긴장하기 시작하면 얼굴을 제 맘대로 움직일 수 없게 됩니다. 모두들 제 눈썹이 왜 이런 모양인지 많이들 묻더군요. 저의 왼쪽 눈썹과 오른쪽 눈썹, 잠잘 때는 사라지고 아침에야 되돌아옵니다. 저는 자주 눈썹들에게 물어요. "너희 어디 다녀왔어?"하면, "공연하러 갔었어."합니다. 저의 썰렁한 유머에 아무도 반응해 주지 않는군요. 사실 무대에 오르기 전에 싸뻬이닝의 썰렁한 농담을 듣고 나니 갑자기 자신감이 부쩍 생겼답니다. 여러분의 박수가 저를 기쁘게 합니다. 똑같이, 저 또한 마음 한편으론 소심하고 민감해서 다른 사람이 저에게 박수를 쳐주지 않으면 마음속으로는 견디기 어렵습니다.

[2]무대에 올라오기 전에 제작자분이 말씀하시기를, 무대 앞에 열 분의 훌륭한 분들이 앉아 계실 거라고 했는데 그때 제 느낌은 마치 영화학원에서 첫 번째 면접시험을 보는 것 같았어요. 제가 어릴 때부터 지금까지 가장 크게 두려움을 느끼는 것이 바로 경쟁을 하는 것이나 발표를 하는 것 입니다. 왜냐하면 저는 어려서부터 줄곧 열등감이 있는 사람이었습니다. 2008년까지만 해도 저는 말하기를 좋아하는 사람은 아니었어요. 그러나 2008년 후에는 수다쟁이가 되었지요. 그러면 대체 무슨 이유 때문에 이렇게 변했을까요? 바로 저 스스로의 심리적 작용의 변화 때문입니다. 모든 사람들이 본 진곤은 우울한 모습을 한 사람이었습니다. '우울'이라는 두 글자가 진곤에게서 떨어지지 않고 접미사처럼 쓰였습니다.

그러나 제 몸과 마음 깊은 곳으로부터 저는 다양한 컬러를 가진 사람이라는 점을 여러분에게 말하고 싶습니다.

[3]저는《올림포스 가디언·封神榜》을 보고 자란 세대입니다. 대부분의 친구들이《홍루몽·红楼梦》,《수호전·水浒》,《삼국지·三国》또는 유명한 저서를 보았지만, 저는 어렸을 때부터《올림포스 가디언》을 좋아했어요. 저는 75년 이후 생입니다. 물병자리이고, B형이에요. 스스로를 사랑하고 자랑스럽게 여기며, 또 매우 연약하고 자기 비판적입니다. 지금까지 항상 이런 모습이었습니다. 저는 어렸을 때 외할머니와 함께 살았으며 제 밑으로 남동생 두 명이 있었습니다. 저의 고향, 우리가 살던 작은 도시에는 결손가정의 아이가 별로 없었어요. 저는 말 수가 적었는데, 저의 열등감이 어디서 나왔는지, 아마 집에 아버지가 안 계셔서 그럴 수도 있고, 엄마의 일이 잘 풀리지 않아 그런 것도 있었을 거예요. 집 또한 가난 했습니다. 외할머니 손에서 길러졌을 때 저는 비교적 나약했어요. 봄 소풍을 갈 때, 아이들이 조를 나누었는데 아무도 저랑 같은 조를 원하지 않았어요. 외할머니는 항상 근검절약하셨고 집안도 가난했기 때문에 저는 어떤 것도 주위 사람들에게 베풀 수 없어서 외톨이가 된 느낌이 있었어요. 하지만 사실 그때는 나약한 겉모습 안에는 매우 강한 자아의 세계가 출현했어요. 그 과정에서 소설 한권이 저에게 매우 깊은 인상을 주었지요. 바로《몽테크리스토 백작·基督山伯爵》입니다.《몽테크리스토 백작》에서 그는 진귀한 보물을 찾아내 아주 큰 다이아몬드를 갖게 되었죠. 그때 저는 그 페이지를 계속해서 멍하게 바라보았어요. 왜냐하면 저는 가난하였기 때문에 언젠간 부자가 되겠다는 꿈을 꿨기 때문입니다.

[4]저는 어렸을 때부터 이야기를 창작해내는 능력이 있었는데, 이점에 감사하게 생각합니다. 이 능력은 제가 웨이보 포스트를 올릴 때 도움이 되었고, 저서를 집필할 때 도움이 되었어요. 저는 저만의 관성이 있어서

이러한 방식으로 사색을 시작합니다. 제가 여러분과 함께 나누는 것은 무엇일까요? 그것은 바로 저의 '보고'입니다. 바로 여러분에게 하는 '보고'이지요. 저는 이렇게 성장해 왔습니다. 저는 저의 어린 시절에 감사합니다. 저의 그 비뚤어지고, 꼬여있고, 질투하고 미워하며, 나약했던 그 시절에 감사합니다. 그렇다고 저는 잘못된 길을 선택하지 않았어요. 왜냐하면 지금까지 줄곧 미래에 더 유명해지고, 스타가 되고, 더 돈을 많이 번다고 해서 더 많이 행복해질 것이라고 생각해오지 않았거든요.

[5] 대학시절, 저는 여전히 우울한 사람이였습니다. 그러나 이때의 우울함은 어릴 적의 우울한 것과는 달랐습니다. 대학시절의 우울함은 작은 우월감을 동반한 것이었습니다. 이런 우월감은 어디서 나왔을까요? 제 스스로를 관찰해 보니 그것은 열등감 때문이었습니다. 사람이란 이런 것이죠. 주변에서 잘난 척 하는 사람을 보게되면 당신은 그에게 무슨 말을 하나요? 혹은 그가 좋은 직책을 갖게 됐을 때 대뜸 자랑하는 그를 보다면요. 예를 들면 기업 고위 관직이신 분이 당신과 말할 때, 당신이 "진 사장님 별 일 없으신지요?"하고 여쭈면 "아주 좋아.(거만한 말투로)"라고 그가 대답할 때, 그의 이런 거만함과 오만함은 대부분 그의 마음속 열등감에서 나오는 거죠.

[6]저는 영화 학원 다닐 때 스스로 열등감이 있어서 친구들과 교류하지 않았고, 집안 사정 좋은 친구를 보았을 때 '그까짓 거 뭐 대단한 건가? 그래봐야 집이 잘사는 것뿐이지.'라고 항상 생각했어요. 열등감이 대단했어요. 게다가 친구들 앞에서 "나는 관심 없어."라는 말도 했습니다. 당연히 이런 거만한 감정은 지금까지도 존재해요. 또 친한 친구가 아주 멋진 차를 몰고 오면 "우와~ 이차 정말 좋네! 뭐 그래봐야 차지"와 같은 (비꼬는) 말을 했어요. 속마음으론 한 대 가지고 싶었지만 제가 본 저의 태도는 정말 이상하고도 터무니없는 오만함이었어요.

[7]어떻게 사람들한테 이런 말을 할 수 있지? 우리 각자가 어느 누군가를 만났을 때 마음을 가라앉히고 마음속 소리를 한번 들어보세요. 왜 이렇게 행동하는지.

[8]이러한 사고방식이 어디서 나온 것인지 한번 거슬러 올라가 볼게요. 왜 나는 무대 위에서 이렇게 긴장하고, 박수소리가 나오지 않을까봐 걱정하는지? 아주 근엄한 단체 앞에만 서면 나는 급작스럽게 긴장을 하는지. 저의 긴장은 이것으로부터 나오는 겁니다. 바로 피드백을 받고 싶기 때문이죠. 그래서 긴장하는 거예요, 맞죠? 하지만 무대에 올라오고 나서 모두들 저에게 큰 박수를 쳐주면 바로 거침없고 마음이 편안해지기 시작해요. 왜일까요? 제가 한 가지 여쭤볼게요. 저 진곤이 긴장하기도 하고 또한 편안함을 느끼기도 하는 것은 모두 여러분의 반응에 달린 것이에요. 하지만 나 자신은 어떤가요? 여러분은 생각해보신적이 있나요? 어떤 분이 말씀하시기를 만약에 당신의 상사가 당신에게 너는 대단해라고 하면 기쁠 것입니다. 하지만 만약에 욕을 한다면 매우 슬픕니다. 계속 사람들에게 끌려 다니는 것이겠죠? 영화학원에서 저는 사람들에게 끌려 다녔어요. 저는 성적이 좋은 친구를 부러워하고 끌려 다녔지만 신경 안 쓰는 척했어요. 어렸을 때부터 다른 사람이 공을 던지면 우리는 그 공을 받으려고 해요. 하지만 실제로 우리 스스로 마음이 안정을 가진다면 공은 받아도 되고 안 받아도 되는 것이에요. 맞지요?

[9]이틀 전에 작은 일이 하나 있었어요. 티베트의 친구들에게 원조를 보내는데, 겨우 몇 만 위안의 돈이 보내졌어요. 그 후로 많은 친구들이 저를 격려해주었죠. 그러다 웨이보 댓글을 보았는데, 어느 한 분이 저에게 나타낸 의구심 때문에 저는 마음이 편치 않았어요. 그때 남동생이 한마디 멋진 말을 해주더군요. "90프로의 사람들이 형을 격려하고 있고, 힘내라고 하고, 응원하고, 지지하는데, 형은 왜 하필이면 그런 날선 글만

보는 거야?"라고요.

[10]저는 특별히 멋있는 사람이 되고 싶어요. 여러분이 인정했기 때문이 아닌, '행동의 힘(行走的力量)' 프로그램을 했기 때문이 아닌 그냥 멋있는 사람이요. 저는 공연을 잘합니다. 모두들 저를 격려해줘요. 저는 예전보다 실력도 늘었고요, 모두 박수를 쳐줍니다. 저는 사실 하고 싶은 게 하나가 있어요. 제 마음속으로 저를 무척 좋은 사람이라고 여기는 거예요. 모든 사람들이 아마도 연습해본 적이 있을 것입니다. 학교 다닐 때, 선생님이 말씀하시기를, 너희들은 스스로에게 질문 한 적이 있느냐? 너는 누구지? 그런 질문 받아 봤을 것입니다. 그러나 저는 여러분이 다시 한 번 진지하게 질문해봤으면 좋겠어요. '나의 마음속에서 나는 누구지?, 나는 어떤 사람이 되고 싶은 거지?'

[11]성인이 된 후 제가 경험한 가장 힘들었던 일은 2010년이 최고라 할 수 있어요. 제가 소속되어 있던 회사를 그만두게 되었어요. 그곳에서 10년을 일했죠. 10년 계약이 끝난 후에 저는 그 회사를 떠났습니다. 저는 여러분들과 똑같은 시험이라는 것에 마주하게 되었죠. 2010년에 저는 저만의 팀을 꾸려야 할까? 아니면 다른 회사에 들어가야 할까? 돈을 많이 주는 곳을 갈까? 아니면 나에게 연기할 기회를 더 많이 주는 곳을 갈까? 이 문제 때문에 보름동안 잠을 못 잤습니다. 자도 편히 자지 못할 정도의 큰 고민이었어요. 그때 저는 완전히 길을 잃었어요. 왜냐고요? 왜냐하면 저는 저 스스로의 욕심이, 욕망이, 그리도 여러분들이 상상도 못할 유혹이 제 마음속에 만들어진 어떤 것들까지 모두 가져가 버렸기 때문이에요.

[12]예를 들어 볼게요. 그 시절 회사를 나올 때 영화계에 있는 친구가 전화로 말하기를, 주식을 조금 나눠줄테니 자기네 회사에 오라고 하더군요. 또 다른 친구는 3년 동안 몇 편의 출연을 보장한다고 했습니다. 아주

매력적이더군요. 저는 어디로 발을 내딛을지, 그게 저에게 어떤 의미를 갖는 지 잘 몰랐습니다. 어느 날 밤 저는 자다 일어났어요. 새벽 2, 3시경 이였는데, 창가로 가서 창문을 열었더니 도시 전체가 조용했어요. 저는 스스로에게 물었어요. '진곤, 네가 하고 싶은 것이 뭐야?' 답을 못했어요, 완전히 대답을 못했어요. 저는 스스로에게 다시 물었어요. '너 도대체 원하는 게 뭐야?' 저는 순간 대답하기 시작했어요. 내 자신과 대화하기 시작했어요. 저는 물었어요. '너는 돈을 원해?', '응 원해', '얼마나 있어야 행복할까?', '더 많아야해' 다시 스스로에게 물었어요. '왜 더 많은 돈이 필요하지?', '나는 더 많은 집을 사고 싶고, 그래야 안정감을 느껴', '그럼 안정감이 너에게 무엇을 가져다 줄 수 있니?', '안정감은 마음의 평온함을 줘', '그럼 평온함이 너에게 가져다주는 게 뭐야?', '평온함은 내가 정말 원하는 게 무엇인지 가르쳐줘'

[13]북경에 온 뒤부터 지금까지 저는 매번 초청을 받을 때마다 스스로에게 질문합니다. 2010년 첫 번째 질문을 끝까지 물었을 때 저는 알았어요. 청빈한 마음을 유지해야 한다는 것을요. 사실 청빈한 마음이라는 게 말하다보면 참 허영된 것이에요. 왜냐고요? 제가 이 말을 했을 때를 되돌아보면, 여전히 전 연기를 하고 있어요. 왜 연기를 하고 있을까요? 많은 유혹들을 만났을 때, 어떻게 해야 하는지 모를 때, 저는 또 다른 핑계거리를 찾는 거죠. 단지 핑계를 댈 뿐입니다. 단지 이런 핑계가 그런대로 보기 좋기 때문이죠.

[14]그렇지만 제가 원하는 것이 무엇이었을까요? 저는 스스로의 마음을 찾고 싶었습니다. 마음의 힘이 점차 자연스러워질 때, 점차 온화해질 때, 점차 힘 있어 질 때 저는 저에게 영향을 주는 환경을 바꾸고 싶었습니다. 저는 마음이 움직이는 대로 하고 싶었습니다. 어쩌면 저의 거친 성질이, 저의 계산적인 마음이, 저의 예민한 날카로움이 여전히 제 몸속에서 시

시각각 튀어나올 때, 저는 여러분에게 말하고 싶습니다. 인생길은 아직 길게 남아있으며, 저는 고작 삼십대에 불과하다고. 여러분도 저와 나이가 비슷하죠? 그렇죠? 우리처럼 이런 나이에는 앞으로 가야할 인생 여정이 아직 길답니다.

[15]저는 새로운 방식 하나를 여러분에 제안하고 싶습니다. 바로 '원래 방향으로 되돌아가기'입니다. 무엇이 '원래 방향으로 되돌아가기'일까요? 우리의 눈은 평생 바깥세상을 보고, 모든 사람들이 우리를 초대하는 것을 봅니다. 만약 이 사람이 초대도 하고 일자리도 준다면 저는 매우 기쁘겠죠. 그런데 만약 이 사람이 나에게 일자리 기회를 주지 않는다면 면접을 보고 난후에 매우 큰 상실감을 느낄 것입니다. 그래서 저는 여러분들의 눈이 바깥을 내다보길 희망합니다. 밖에 있는 사람들이 우리에게 보내는 피드백은 기쁨을 가져올 것이며, 새로운 길을 찾아줄 것입니다. 새로운 길을 찾는 것은 우리의 눈이 내면을 향해 보고 있다는 것이며, 우리의 마음을 본다는 것입니다. 어떻게 우리의 마음을 보지요? 제가 새로운 방법을 하나 제시했습니다. 2010년, 우리 회사 'K· Pictures(东申童画)'는 영혼과 관련된 작품을 하나 제작했습니다. 그때 모든 사람들은 절대 하면 안 될 프로젝트가 바로 이 '행동의 힘'라고 여겼습니다. '행동의 힘'은 걸어갈 때 당신의 주의력을 호흡과 발바닥 위, 마음에 두고, 멀리보지 말고 두 발자국 앞을 보는 것입니다. 간단한 걸음걸이죠, 이렇게 간단해요. 제가 내놓은 것은 영혼에 관련된 방법입니다. 여러분 '행동의 힘'에 박수를 보내주시기 바랍니다.

[16]저는 여러분이 미래의 시간 속에 있길 희망합니다. 왜냐하면 오늘 우리의 교류 때문에, 오늘 당신과의 나눔 때문에 우리는 가장 바보 같은 방식을 선택하여 자신 내면의 소리를 찾거나 들을 수 있기 때문입니다. 왜냐고요? 제 주위에 똑똑한 사람들은 많이 있습니다. 사실 저는 10

년의 시간 동안 정말 똑똑하고 잘난 사람이 되고 싶었습니다. 저는 더 유명해지고 더 많은 돈을 벌고 싶었습니다. 이렇게 되면 더 많은 상을 탈수 있기 때문입니다. 그러나 저는 여러분에게 말씀드립니다. 여러분이 차분해 졌을 때 당신이 당신 스스로를 존중하고 있는지 알게 될 것이며 이것은 가장 중요한 것입니다. 다시 말해 어느 날 제가 유명스타가 되었을 때 마음속의 기쁨이 하나도 없다면 그 이유를 남들은 알 수 없습니다. 본인 스스로가 가장 잘 알 것입니다.

[17]이처럼 빠른 리듬 속의 도시에서 생활하면서, 무수한 유혹과 욕망 앞에서 여러분은 조금 바보스럽고, 조금 느리고, 조금 모자라고, 조금 어리석어지길 바랍니다. 왜냐면 전체 사회의 흐름은 대세에 따라 앞으로 매우 빠르게 나아갑니다. 오늘 50위안을 투자했다면, 내일 200백 위안을 얻는 것처럼 이렇게 빠르게 돌아갑니다. 많은 사람이 말하기를 우리는 먼저 돈을 벌고 여유 있는 생활을 만들고 나서 쉬는 시간에 자신의 마음을 소리를 들으라고 하는데, 자신의 내면의 소리를 듣는 게 좋지 않습니까?

[18]방금 제시한 방법에 대해서 그게 가능한지에 대해서 말해보겠습니다. 여러분 지금 바로 시작하세요. 우선 당신의 마음을 정하세요. 그리고 모든 유혹과 나가갈 방향이 뚜렷이 보일 때 당신은 앞으로 나가는 것을 선택할까요? 되돌아오는 것을 선택할까요? 순서가 명확해 졌죠?

[19]저는 여러분에게 제가 거둔 성과를 나눌 수 있을 만한 사람은 아닙니다. 여러분이 생각하기에 저는 대단할 것이 없는 사람이며, 저 스스로도 그렇게 생각합니다. 저는 여러분과 같이, 우리 모든 사람의 인생길에 있어서 자기 자신의 영혼의 왕이 되는 사람입니다. 저는 이러한 방법을 제 자신의 사례를 이용해 여러분의 눈앞에 가져다 놓는 것입니다. 여러분은 몇 년 전의 우울한 학생이 지금 수다쟁이로 변한 모습을 볼 수 있

습니다. 저는 제가 의미 있다고 생각하는 일이 다른 사람이 의미 없게 여길지라도 그 일을 매우 즐겁게 할 것이며, 이 때를 매우 즐길 것입니다. 여러분은 알아야 합니다. 이 때 여러분은 저에게 박수를 쳐줘야하고 똑같이 여러분 스스로에게도 박수를 쳐줘야 합니다. 왜냐하면 여러분이 한 발자국 내딛을 때, 마음의 평온함을 찾으면 미래의 길은 반드시 열리게 됩니다. 제가 주장하고 싶은 바는 언젠가 여러분이 당신의 마음을 안정시킬 많은 방법 중에서 길을 걷는 것은 본능적인 것이고, 바보 같은 짓이며, 어리석은 느낌이 들게 할지라도 그것이 당신의 마음속을 찾게 되는 방법 중 하나라는 것을 알게 되길 희망합니다.
[20]우리 오늘 주제로 다시 돌아와서 "인생길에서 당황하지 마세요!"

1. 착상(Inventio)

1.1. 수사적 상황

중국의 사회적 현실을 살펴보면 정치, 경제, 문화, 생활 등 각 영역이 불안정하다. 특히 경제적인 관점에서 보면 중국경제가 고도의 성장을 하는 것처럼 보이지만, 사회의 주역이 되는 젊은 실업자들이 증가하는 추세이다. 다방면에 걸쳐 개방적으로 변해가는 추세에서, 상대적으로 경험이 부족한 젊은 청장년층에게서 진로 선택의 문제가 발생하고 있다. 또한 불안정 요소 중에서도 특히 두드러지는 부분은 청장년층 문제이다. 이러한 사회적, 개인적 문제에 대한 해결책을 바라는 수요가 증가하자, 대중매체 제작자들은 사회적 입장에서 필요성을 공감하고 강연 프로그램을 기획 및 제작 한 것이다. 강연 환경을 살펴보면, 강연장은 긴 타원형으로 구성되어 있으며 전체 세트장의 가운데 위치한다. 강연자는 스크린을 뒤로하고 토론대상자들과 청중을 바라보고 강연한다. 토론대상자는 스크린과 강연자를 정면으로 바라본 상태에서 일반 청중들과는 분리된 독립 좌석에 위치해서 강연에 참여한다. 일반 청중들은 강연자를 중심에 두고 그 주변에 원형으로 둘러앉아서 위치한다. 청중의 구성은 20~30대 젊은 청장년층으로 이루어졌다. 강연참여 방법은 강연을 촬영하기 이전에 참석을 희망하는 청장년층의 사람들을 대상으로 모집한다. 그중에서도 일부 인원은 강연자와 대담 할 수 있도록 무대의 바로 앞에 개인자리를 배정받아 강연에 참석한다. 강연은 사회자가 먼저 등장하여 관중들의 긴장을 완화시키기 위해 가벼운 농담으로 시작한다. 자연스러운 웃음과 환호로 강연을 시작하기 이전에 분위기를 밝고 활기차게 조성한다.

1.2. 논거 찾기

본 연설문은 강연의 주제가 '인생길에서 당황하지 마세요.(人生路 莫慌张)' 인 것처럼 명확하게 논거를 드러내고 시작한다. 들머리에서는 논거가 나타나지 않는다. 사회자가 강연의 주제를 전달하며, 강연자를 소개하는 부분으로 구성된다. 얼거리에서도 강연자가 특정부분을 나누어 강연을 구분하지 않는다. 따라서 분석을 위해서 주제를 중심으로 일방적인 연설을 진행하는 얼거리1 부분과, 토론자들과의 대담을 하는 얼거리2 부분으로 나누어 구분했다. 다음에 제시한 표는 얼거리와 마무리에 나타난 부추김 논거와 말림 논거를 나타낸다. 얼거리2에서 나오는 실명은 대담자이다.

얼거리1에서 나타난 가장 큰 부추김의 논거는 '인생을 살면서 겁내거나 당황하지 말라.'이다. 사람이라면 누구나 다 걱정을 하고 살며, 연설을 하는 진곤도 어려운 가정환경에서 자랐으며, 힘겨운 상황에서 긍정적인 자세로 삶을 살았다. 항상 밖을 볼 수밖에 없는 입장인 우리는 미래를 꿈꾸며 살고, 걸음의 힘을 믿으라고 한다. 말림의 논거로 가장 큰 중심은 '환경을 비관해 연설자처럼 자괴감에 빠지지 말라'고 하며, '본인 스스로 위안을 하되 자신의 삶에 대해서 무신경해지지 말라'고 하는 것이다. 또한 연설자처럼 '내면의 자신에게만 신경 쓰지 말고, 걸음을 걸어보라'고 한다.

얼거리2 부분에서는 토론자로 선정된 참가자의 질문을 통해 진곤 강연의 의미를 더 세부적으로 파악 할 수 있다. 姚旭는 진곤에게 "행동의 힘(行走的力量)의 가치는 모든 사람과 똑같은 가치가 있고, 차이가 없는가?"라

표 1. 〈부추김 논거와 말림 논거〉

구분	부추김 논거(지향점)	말림 논거(지양점)
얼거리1	• 인생을 겁내거나 당황하지 말고 전진해 나아가라. • 환경이 나쁘다고 탓하지 말고 극복하라. • 안 좋은 일에 괜찮아요. 생각하라. • 밖을 보며 미래를 꿈꿔라. • 행동의 힘을 믿어라.	• 환경을 비관해 자괴감에 빠지다. • 괜찮다고 생각하며 방치한다. • 자신의 내면만 본다. • 너무 무작정 걷는다.
얼거리2	姚旭 : 너 스스로 행동해라.	다른 사람을 의식한다.
	卡雅叙 : 마음속의 안정을 찾아라.	외부요인에 의해 흔들린다.
	许多 : 자신을 속이지 마라.	남을 속이고, 자신도 속인다.
	吴家轩 : 안정을 찾아라.	다른 사람만 신경 쓴다.
	胡风偢 : 주변의 관심(외부)을 감사해라.	주변의 관심에 신경 압박을 느낀다.
	邹以鸣 : 다 같은 사람이다. 자괴감을 버려라.	자괴감을 가지고 삶을 산다.
	王晓亚 : 自省自救의 시간을 가져라.	내 인생이 피곤하다고 생각한다.
마무리	세월이 지나면 다 된다.	난 왜 이렇게 못났을까 고민만 한다.

고 묻는다. 진곤은 "걷는 순간에는 걷는 것, 즉 자신의 행동에만 집중을 해라. 자신 이외의 다른 것에 신경 쓰지 말라, 방금 말한 가치 같은 것도." 라고 한다. 卡雅叙은 "외부에서 자신을 바라보는 시선이 중요한가, 스스로가 내면을 바라보는 시선이 중요 한가?"라고 질의한다. 이에 대해서 진곤은 "평생을 다른 사람의 평가를 받고 살아간다. 우선 마음의 안정을 추구해라."고 한다. 许多는 "자서전의 내용 중 〈화피〉를 촬영한 이후에 내면의 변화가 있었다고 적혀 있는데 어떠한 변화가 있었나?"라고 묻는다. 진곤은 "〈화피〉 촬영이후에 자신을 속이지 않고, 진실 되게 생활했다."라고 한다.

1.3. 연설가 분석

연설가가 연설을 하게 된 계기는 지나간 자신의 20대 시절처럼 고민하는 20대 청년들에게 힘이 되기를 바라는 마음에서 출발하였다. 그렇다면 강연의 핵심은 무엇일까? '인생의 여정에서 당황하거나 망설이지 마라.'라는 강연주제를 통해 쉽게 파악 할 수 있다. 여기서 말하는 '인생의 여정'은 20대의 청장년이 살아가는 삶을 이야기하며, '당황하거나 방황하지 마라.'는 표면상으로 당황하거나, 긴장하지 말라는 뜻이다. 즉 인생이라는 긴 여정을 걸어가고 있는 우리는 선택의 기로에 서거나, 혹은 삶에지쳐 힘들어도 두려워 말고 언제나 당당하게 행동하라는 것이다.

1.4. 청중분석

현장에서 또는 TV를 통해 강연을 듣는 청중들은 명확하게 그 수를 알 수 없다. 하지만 프로그램의 목적과 화면상으로 관찰 할 수 있는 모습을 통해 청중가 누구인지 대략적으로 파악할 수 있다. 바로 20~30대까지의 젊은 청장년층의 남녀들로 구성되는 사람들이 참석한다. 강연참석자 전원이 자발적인 참여를 해서 비교적 고무적인 강연분위기가 조성된다. 연설자 또는 사회자는 강연자들이 긴장하거나, 청중들이 지루할 경우 적절한 농담을 던져 밝고 화기애애한 분위기를 조성한다. 한국의 TV프로그램 『세바시』와 매우 흡사하나 차이점이 있다.

표 2. 〈『开讲啦』와 『세바시』차이점〉

구분	『세바시』	『开讲啦』
사회자 / 진행유무	X / X	撒贝拧(싸뻬이닝) / O
토론자의 유무 / 위치	O / 청중석	O / 청중과 분리

2. 배열(Dispositio)

들머리에서는 사회자의 주도로 이루어지는 분위기 형성 및 강연자 소개 및 등장까지도 설정한다. 얼거리에서는 일방적인 강연을 얼거리1로 구분하며, 강연내용을 중심으로 토론자와의 질의응답으로 진행하는 부분은 얼거리2로 구분한다. 토론자와의 질의응답은 실천방법이나 의문사항 위주로 진행한다. 마무리에서는 사회자가 강연내용을 정리 및 마무리 하며 강연을 끝마친다.

2.1. 들머리

들머리는 강연을 시작하기 전 청중의 관심집중 및 이해도를 높이기 위한 사전 준비 작업이다. 사회자가 등장한 이후부터 연설자가 강연을 시작하기 전까지로 구분한다. 사회자는 간단한 인사말을 한 이후에 강연의 논제거리에 관련된 농담을 한다. 그런 식으로 긴장된 분위기를 완화시키고 강연주제를 각인시키기 위해서 길을 잘못 찾은 젊은이의 해프닝을 이야기한다. 이러한 이야기 전개는 현재를 살아가는 청장년층들이 '어떻게 인생을 살아가야 옳은 것인가?'를 모르며 방황하는 것과 같다는 것을 암시한다. 잠시 후 강연자인 진곤을 소개하자, 상기에 언급한 것과 같이 강연장에 등장한다. 강연장의 분위기 환기 및 감사의 인사로 자신을 소개한다. 그리고 관중들을 위한 격려의 박수를 보낸다.

2.2. 얼거리

얼거리는 연설자의 일방적이 연설을 얼거리1로 구분하고, 연설자와 토론자의 토론을 얼거리2로 구분한다. ELOPA(ethos-logos-pathos)를 중심으로 분석하고, 내용전개를 중심으로 기술을 한다.

먼저 에토스(ethos), 강연자인 진곤, 태도와 전문성, 호감도를 분석하고, 관중에 대한 포용력과 공감대 형성을 관찰한다. 진곤은 관객석 중앙에 위치한 진입로를 따라 자주색 셔츠와 청바지 차림의 심플한 옷차림에 패션 가죽 팔찌를 차고 등장한다. 머리모양은 비교적 긴 모히칸 스타일로 정리해서 옷차림과 잘 어울리는 모습이다. 박수를 치면서 나와, 강연장 중앙에 올라와서는 관객을 향해 90도로 인사 하고 거수경례를 하는 등 관객의 뜨거운 환대에 회답했다. 연설을 하는 시종일관 일정한 간격으로 주변을 둘러보고, 청중들의 집중력이 저하 될 때는 재미있는 농담을 섞어가면서 주목을 끌었다. 철학적이거나, 교육자로서의 모습 같은 전문적인 모습을 나타내지는 않는다. 하지만 청중들 보다는 인생을 조금 더 길게 살아온 선배(先輩)의 입장에서 자신의 경험을 소개하면서 일관된 모습으로 전문성을 피력했다. 다음은 청중과 공감대(pathos), 진곤은 청중들과 자신이 다르지 않고 긴장하며 인생을 사는 한명의 일반인이라는 것을 강조한다.

즉, 자신은 일반인과 다르지 않은 사람이며 청중들이 느끼고 생각하는 것들을 겪어서 이해 할 수 있다고 한다. 공감대를 형성하는 부분에서는 자신의 어려웠던 10~20대 시절을 이야기 하면서 고민거리들을 말한다. 영화배우로써 입지가 튼튼하지만 TV속에서 보이는 멋있는 모습이 아닌 한명의 사람으로서 대중들에게 자신을 드러내며 공감대를 유도했다. 특정 부분에서는 특정 청중을 지적하면서 강연자의 강연내용을 공감하는 이유를 물어보기도 하며 동질감을 이끌어 내기도 했다. 진곤은 자신의 경험담을 이야기를 하면서 한계점, 문제점을 극복한 사례를 말한다. 유소년기, 청장년기를 보내면서 가장 문제점으로 지적하는 것은 자괴감과 긴장이라고 말한다. 그로 인해 생긴 두려움 때문에 가야할 길을 헤매고, 능력 발휘도 못했다는 것이다. 더하여 자신의 내면만을 관찰하지 말고, 미래를 바라보면서 '행동의 힘(行走的力量)'을 믿으라고 한다.

마지막으로 로고스(logos), 얼거리1은 강연자의 일방적인 강연으로 진행된다. 일반적인 자신의 경험담 이야기를 하면서 한계점, 문제점을 극복한 사례를 제시하는 방식으로 진행된다. 다음은 '경험담 → 문제점 도출 → 문제점 극복 및 극복방법'에 관한 내용이다.

단락[3]

我小时候跟外婆长大，我在下面有两个弟弟，在我的家乡，我们那个小城是少有的单亲家庭的孩子，我不怎么说话，不知道那个自卑来自于哪里。可能是来自于家里没有父亲；或者因为我母亲工作也不容易我跟着外婆长大的时候，我比较软弱；或者是因为在春游的时候，小朋友分组，没有人愿意跟我一组。

저는 어렸을 때 외할머니와 살았으며 제 밑으로 남동생 두 명이 있었습니다. 저의 고향, 우리가 살던 작은 도시에는 결손가정의 별로 없었어요. 저는 말 수가 적었는데, 저의 열등감이 어디서 나왔는지, 아마 집에 아버지가 안 계셔서 그럴 수도 있고, 엄마의 일이 잘 풀리지 않아 그런 것도 있었을 거예요. 집 또한 가난 했습니다. 외할머니 손에서 길러졌을 때 저는 비교적 나약했어요. 봄 소풍을 갈 때, 아이들이 조를 나누었는데 아무도 저랑 같은 조를 원하지 않았어요.

단락[5]

大学时候的闷是带着一个小小的优越感的。这个优越感来自于什么呢？我观察过我自己，因为自卑。(中略)… 我提出了一个新的方法，也就是2010年，我们公司“东申童画”创造了一个关于心灵的，所有的人都认为不应该做的一个项目，叫“行走的力量”。

대학시절 우울함은 작은 우월감을 동반한 것이었습니다. 이런 우월감은 어디서 나왔을까요? 제 스스로를 관찰해 보니 그것은 열등감 때문이었습니다. (중략) … 제가 새로운 방법을 하나 제시했습니다. 2010년, 우리 회사 ‘K· Pictures’는 영혼과 관련된 작품을 하나 제작했습니다. 그때 모든 사람들은 절대 하면 안 될 프로젝트가 ‘행동의 힘'이라고 여겼습니다.

자신의 유·청소년기의 이야기와 대학교 진학 후의 이야기로 두 가지시기로 구분해서 자괴감에 빠졌던 이야기를 진행한다. 유·청소년기에 자괴감에 빠진 이유는 자신이 처한 가난한 환경과 낙후된 지역에 살다보니 자신감을 가지지 못했기 때문이다. 자괴감은 대학 진학 후에도 계속해서 이어졌다. 하지만 이 자괴감은 유·청소년기와는 다른 자괴감이다. 바로 친구와 주변의 사람들에 의해서 느끼는 우열감에서 오는 자괴감이라는 것이다. 이 자괴감을 극복하는 방법으로 '행동의 힘'을 이야기한다. 우리가 살아가는 삶을 여정으로 비유해서 겁내거나 당황하지 말라고 한다. 자신처럼 환경이 나쁘다고 탓하지 말고 밝은 미래를 꿈꾸며, 마음의 평온을 가지라고 한다. 그리고 결정적으로 행동의 힘을 믿고 행동 하라고 한다.

2.3. 마무리

마무리에서는 파토스(pathos)를 중심으로 분석한다. 확언한 내용을 강화시키는 형식으로 감정을 자극하여 설득을 요구할 때는 감동을, 상대방의 주장을 묵살하려고 할 때는 분노와 동정을 이끌어내는 것을 일컫는다. 또한 연설의 핵심내용을 간결하게 언급함으로써 청중들의 행동에 영향을 미치는데 그 목적이 있다고 할 수 있다. 사회자는 다음과 같이 이야기한다. "우리는 현재의 청장년층과는 다른 성장 과정을 겪고 자랐다. 하지만 어떤 것도 바뀔 수 없는 것이 있는데, 그것은 바로 사람의 불안, 마음에 관한 것이다. 인터넷 블로그에 어떤 사람이 말하기를 '어느 날 저녁, 핸드폰으로 블로그를 보며, 이빨을 닦고, 앉아서 TV를 보며 동시에 인터넷을 하려면 80세 이후가 되어야 가능하다.'라고 한다. 청춘에는 무엇을 해야 하는 것일까요? 젊은 시절을 느끼고 행동하세요."라며 강연이 종료된다. 여기서 사회자는 강연의 내용을 간단한 이야기를 통해서 집약적으로 나타낸다. 사회자의 말을 통해서 확인해보자. 4가지 행동은 하나밖에 할 수 없는 행동들이다. 핸드폰으로 블로그 보기, 이빨 닦기, TV시청, 인터넷 하기는 동시에 할 수 없는 행동들이다. 어쩌면 고민할 가치도 없고, 고민한다고 해서 다 이룰 수 없는 것들이다. 즉 사람은 신분고하와 나이를 막론하고 언제나 고민하는 존재이다. 청장년층은 더욱더 그러한 고민이 많은 시기이다. 마찬가지로 4가지의 행동을 다 할 수 없으며 하려고 고민하는 것은 인간의 당연한 모습이고, 고민이 많은 청장년층은 더욱 그러한 것이다. '젊은 시절을 느끼고 행동하세요.', '행동의 힘'에서 핵심인 '행동'을 짧지만 간결하게 나타내면서도 적절하게 실생활을 빗대어 말한 것이다.

3. 표현(Elocutio)

연설문에서 사용되는 어휘, 문법적 표현, 반복되는 의미 등은 강조하는 내용을 두드러지게 보이도록 표현한다. 이는 곧 수사법을 사용함을 의미한다.

3.1. 비유

연설가가 다양한 수사법을 이용하여 전달하고자 하는 메시지를 꾸미는 작업의 영역이다. 연설에서 사용된 수사법은 크게 비유와 인과법이 있다. 먼저 자신의 주장을 강조하기 위해 비유법을 사용한다. 강연의 주제인 '인생길에서 당황하지 마세요.'라는 주제를 강조하기 위해 다음과 같이 설명 한다.

단락[2]

每个人都看到了陈坤以前忧郁的样子，“忧郁”这两个字，已经好像是他身上扔不掉的一个后缀词，但是在我身上，在我的内心深处，我要告诉大家，我是多种颜色的。

모든 사람들이 본 진곤은 우울한 모습을 한 사람이었습니다. '우울'이라는 두 글자가 진곤에게서 떨어지지 않고 접미사처럼 쓰였습니다. 그러나 제 몸과 마음 깊은 곳으로부터 저는 다양한 컬러를 가진 사람이라는 점을 여러분에게 말하고 싶습니다.

단락[14]

只不过呢，我要跟大家分享是说，人生路还很很长，我才三十多岁，我们差不多吧？是吧？在我们差不多这个年龄，还有未来很长的路。

단지 저는 여러분에게 말하고 싶습니다. 인생은 길지 않으며, 저는 고작 삼십 몇 살에 불과하다고. 여러분도 저 나이가 비슷하죠? 그렇죠? 우리처럼 이런 나이에는 앞으로 가야할 인생 여정이 아직 길답니다.

위의 단락[2]는 과거의 자신의 모습을 이야기 하면서 본인이 매우 우울했다는 것을 잘 표현하기 위하여 '접미사처럼 쓰였다.'고 했다. 즉 '우울하다.'라는 사람의 성격을 마치 단어의 품사중 하나인 접미사라고 빗대어 표현한 것이다. 단락[14]에서는 인생을 여행하는 여정이라고 비유하며, '인생이라는 여정은 길다.'라고 말한다. 여기서 사람이 살아가는 생을 여행길에 빗대어 표현했다. '여정을 인생과 같다.'라고 나타내면서 구체화되지 않는 여정이라고 구체화시켜서 이해를 도왔다.

3.2. 인과법

단락[1], [2]

同样我也会在某一个角落里面，我细腻和敏感，也会看到某一个人没有给我鼓掌的时候，我心里难过。我从小长到大最害怕的莫过于竞塞型的或者是表现类的东西。因为我小时候一直是一个比较自卑的人。在2008年之前，我都不是特别爱说话，但是没想到从2008年之后，我变成了一个话痨。

똑같이, 저 또한 마음 한쪽 구석에는 소심하고 민감해서 다른 사람이 나에게 박수를 쳐주지 않으면 마음속으로는 견디기 어렵습니다. 제가 어릴 때부터 커서까지 가장 크게 두려움을 느끼는 것은 경쟁을 하는 것이나 발표를 하는 것입니다. 왜냐하면 저는 어려서부터 줄곧 열등감이 있는 사람이었습니다. 2008년까지만 해도 저는 말하기를 좋아하는 사람은 아니었어요. 그러나 2008년 후에는 수다쟁이가 되었지요.

위의 단락[1], [2]는 연설자가 일반사람과 다르지 않다는 것을 이야기한다. 자괴감에 빠지는 것은 흔한 일이라고 이야기한다. 성장과정에서 줄곧 소심하고 민감했던 이유를 밝히며, 인과관계의 맥락을 이용해 청중에게 설득한다.

4. 암기(Memoria)

암기는 준비한 대본과 강연 내용을 얼마나 잘 숙지하고 있는지를 말한다. 강연자의 원고 준비 유무는 강연영상을 통해서는 파악 할 수 없다. 하지만 강연자의 유창한 주장 및 주장에 대한 논거, 토론에서도 막힘없이 진행하는 모습을 봤을 때 원고를 준비해서 충실히 암기 했을 것이라 판단할 수 있다. 더욱이 44분이라는 긴 방송시간 동안 망설이거나, 주저하는 모습을 전혀 찾을 수가 없다. 기본적으로 각본이 있는 방송을 진행하다 보니 암기를 제대로 하지 않고는 진행 할 수 없다는 것도 알 수 있다. 강연의 구성은 '경험담 → 공감대형성 → 자신의 한계 극복법 → 한계 극복법을 사용한 이유 설명'의 기본구조로 이어진다. 얼거리1에서는 강연의 큰 주제를 기본으로 설명한다. 하지만 얼거리2에서는 얼거리1에서 언급했던 강연주제에 대한 개인적인 의문사항을 토론자가 질문하고 연설자가 답변하는 식으로 진행한다. 따라서 얼거리2에서는 대화내용을 서로 잘 숙지하고 있음을 알 수 있다.

5. 발표(Actio)

발표에서는 연사가 연설을 진행할 때 사용하는 말투, 표준어 구사 여부, 억양 그리고 연설의 태도, 옷차림 등에 주목하여 이러한 요소들이 청중들에게 내용을 전달하는데 어떠한 영향을 미치는지 고찰한다.

5.1. 언어적 요소

진곤의 중국어 억양을 중국어를 모국어로 사용하는 현지인에게 검증 받은 결과 표준어를 사용해서 연설을 진행했음을 확인했다. 연설을 하는 중간에 적절한 휴지를 사용해서 연설의 강약을 조절하였으며, 악센트 또한 연설의 주제와 핵심 표현들을 강조 하는데 일조했다. 말하는 빠르기는 비교적 빨랐지만, 연설에 사용한 단어의 난이도나 연설의 내용이 어렵지 않아서 청중이 듣는데 어려움이 없었다.

5.2. 비언어적 요소

강연자는 관객석 중앙에 위치한 진입로를 따라 등장한다. 등장하며 박수를 치고, 강연장 중간에 올라와서는 관객을 향해 90도로 인사를 하며, 거수경례를 하는 등 관객의 뜨거운 환대에 회답한다. 시선처리는 시종일관 일정한 간격으로 주변을 둘러보면서 연설을 진행한다. 청중들의 집중력이 저하 될 때는 재미있는 농담을 섞어가면서 집중도와 호감도를 높인다. 연설하는 동안 산만하거나 관객을 무시하는 행동을 하지 않으며, 20초~1분 간격으로 강연상의 청중들과 적절하게 시선을 교환한다.

연설문 출처

텍스트 - http://blog.naver.com/bendiren

동영상 - http://v.baidu.com/show/1797.htm?fr=ala9&ty=26

2. 주걸륜(周杰论)
– TV 프로그램『开讲啦』연설(2013)

주제

당신은 평범하지 않아도 돼요.(你可以不平凡。)

주걸륜(周杰伦)은 대만 출신 가수 겸 배우이다. 본고는 대만과 중국대륙에서 연기, 감독, 작곡, 작사, 가수 등 다양한 활동을 해오며 대중들에게 장시간 사랑 받고 있는 대중예술가 주걸륜이 2013년 4월 22일 북경대학교 백년강당(百年讲堂)에서 진행한 강연 '당신은 평범하지 않아도 돼요.(你可以不平凡)'를 분석하였다. 연설의 동영상 자료는 유튜브에서 찾아 볼 수 있으며, 텍스트는 바이두(百度)의 문고(文庫)에서 배포한 전문을 대상으로 한다. 강연 동영상 전체 소요시간은 15분 5초이며, 텍스트는 3,199개의 한자로 구성되어 있고, 총 21개의 단락을 형성하고 있다.

북경대학교에서 행한 여러 유명 인사들의 강연 중, 주걸륜의 '你可以不平凡' 강연 텍스트를 선택한 이유는 첫째, 보통 북경대학교에서 진행하는 강연자들은 정치, 경제, 사회적으로 성공한 저명인사들로 소위 손꼽히는 '말재주꾼'들에 한정되어 있지만, 연예인으로써 이런 전례를 깨고 강연을 한다는 것 자체가 눈여겨 볼만 하다. 둘째, 주걸륜은 누구나 인정하는 중국 연예계의 대스타로서 충분히 사람들 앞에 설 수 있을 만한 지위가 된다고 본다. 학력을 중시 여기는 중국사회에서 고졸에 불과한 그가 중국의 일류대학교 강단에서 젊은 지식인층을 대상으로 강연을 하여, 청중들에게 설득력을 발휘한 점에서도 충분히 수사학적 가치가 있다고 판단되었다.

연설문 원문

[1]各位北大的同学们，你们好吗? - 好!(观众欢呼)

[2]站在这个舞台开讲，真的是不简单，算是成功了哦。(掌声)

[3]人都要有梦想，其实我跟大家一样啊，我觉得自己就是非常平凡，只是学了点儿音乐而已。学了这些音乐呢，最后能够站在这个舞台演讲，也不容易啊。因为我没有考上大学，但是我却跟你们演讲(周杰伦笑)，你们会不会觉得有点奇怪? - 不会!(观众欢呼)

[4]方文山也才读过小学而已。不过，他写的东西却能够到教材里面。这时候是不是该来点掌声啊?(掌声，欢呼)

[5]所以我觉得厉害的人，我觉得不平凡的人，并不是书要念的多好，我觉得他要有一技之长。本身呢，也要听妈妈的话，尊师重道。那时候她(周杰伦妈妈)也希望我可以考上音乐系，然后读大学。我大概考了两次吧。可能我不是读书的料，而且我又很爱打球，所以也不知道自己心理是怎么搞得，可能就是有一种运动细胞吧(周杰伦笑)。

[6]那其实我现在讲的这些，都是我未来成功的一些关键，你想一想年轻时候，如果我被好好的关在那边，我没有去打球，我现在怎么拍《大篮球》是吧?(掌声) 如果那时候没有学琴，我现在怎么拍 《不能说的秘密》对吧?(掌声) 那时候如果不喜欢看这些武术的电影，我怎么拍 《青蜂侠》对吧?(掌声)

[7]这些呢，都不是父母让你去学的，你是有自发性的，你

喜欢这样的东西。所以，我觉得人要有一技之长呢，比学历更重要。这个是我一直在跟这些小朋友讲的。讲到学生的阶段，因为今天是在学校嘛。其实我是一个蛮爱面子的人，我觉得。相信大家都看得出来，一个很好胜的人。

[8]我讲一个很简单的例子：搭公车，大家有这样的经验吧，就是人很多的时候，被挤到最后，然后被公车们夹到，有没有这种感觉？有吧？但是我却是那种痛也不会说出来的。因为前面坐着好几个学姐。我想说，等到下一站，反正公车门自动会打开吧。结果它下一站竟然没有给我停下来。于是，我就只好默默的跟学姐说，不好意思，你可不可以跟公车司机说一下，我的手被夹到了。(观众笑) 后来想一想，我觉得公车司机一定很纳闷，学姐她们也很纳闷，为什么在第一站的时候不讲，在第二站第三站的时候才说。这代表说我是一个很怎么样的人？很爱面子。爱面子呢，又好胜，但是我觉得这却帮助了我在现在的演艺圈在现在的生活环境。因为，我告诉自己，绝不能输，永远都要在第一。这时候应该要来点掌声，是吧？(掌声)

[9]我刚刚在讲这些我学生时代的生活，学生时代，其实那时候我没有考上大学，后来我就去写歌了。在我还没有出到的时候呢，写着《蜗牛》这首歌，相信大家都听过吧？

[10]那时候呢，也算是蚁居。不是蚁居在天台，是蚁居在录音室，后来被吴宗宪给发掘。那应该是三天他希望我要写十几首歌曲，这是他给我的一个功课，然后他从里面挑选歌曲去用。所以那时候都会很期待自己的歌曲被录用，只有这样才有钱，你才可以拿回家给爸妈。所以那个时候，我自己也

给自己一个期许，就是一定要赚到钱，然后好好的让家人过好生活，所以这是我写歌的一个重点，其中之一个原因；另外一个原因是因为，我觉得父母在我小的时候，他们花费太多的金钱，学费，让我学钢琴，所以我要弥补回去。那时候就是有一个信念就是，不能让自己的父母失望，在这个生活当中，你一个人，其实老实讲，有时候我是走不下去的，因为我并没有兄弟姐妹。那在写歌的时候认识到刘畊宏，他在那个时候呢，已经是歌手了，而我还蚁居在他的录音室，给我衣服穿，给我吃的，并没有给我车子，但是他却载我到处游玩，享受他的人生。然后带他朋友给我认识。

[11]有一天，吴宗宪说："你这些歌好像都不错，但是没有人可以唱耶！"公司签来另外一位音乐总监杨峻荣，后来他听到我的歌，他说："你这些歌曲别人不用干脆你自己唱唱看好了。"然后那时候我有个念头想说："嗯，是当歌手么？ 不可能吧？"所以我没想那么多，我就把自己的歌唱一唱。然后有一天，有个唱片公司的表演，有很多艺人，有很多大老板要来看，那时候我就很紧张，这时候我不知道该唱什么歌曲。那唱《黑色幽默》好了(音乐)

[12]当时真的是唱的黑色幽默，因为刘畊宏说，他就推荐我说："你唱这个歌，这个歌很有你的味道，你可以像以前的情歌都是非常严肃的，哪有这么奇怪的歌词。"我说："但是来的唱片公司是老外，他听得懂么？"然后刘畊宏说："反正你唱的也不清楚，反正他也不知道你唱什么。(观众笑)这个旋律好就好了。"我想说也对，所以我第一遍这样唱完之后，台下完全没什么反应。我想说，这怎么回事？刘

畊宏说，你唱的太小声了。然后畊宏默默地，我后来才知道，他们让我唱第二次的原因是因为畊宏默默的去告诉工作人员说，再给我一次机会。(掌声)

[13]第二次呢，我就好好的唱。于是有机会发片了，那时候第一首主打歌《可爱女人》。《可爱女人》就这样出来了，当时的同公司的师姐徐若瑄来拍的这个第一支MV，那时候呢，觉得蛮特别就是："哎呦，这个师姐当时是女神呢，来拍MV，这真的假的？"，当时会有这样的感觉。那后来呢，她竟然说："可以教我弹钢琴吗？"我才发现，学钢琴是对的。(掌声)

[14]当时写的歌曲是给其他歌手唱，后来我的第一张专辑的歌曲，几乎都是写给别人唱别人不要的，我重新拿来唱，所以有了《双节棍》这些歌曲(掌声)

所以我也很感谢当时没有用我歌曲的那些歌手，现在不知道到哪里去了，没有，开玩笑。(观众笑)所以呢，我也不能停下来，我继续在往前走，为的是什么？为的是我的歌迷朋友们。你们没有看错人，对！(掌声)

[15]然后那时候出了几张唱片，然后去了几个颁奖典礼，慢慢的，对于这个奖项，其实一开始就非常的看重。谁不想得奖，对不对？有一次带了外婆去参加颁奖典礼，我觉得至少一项，上台可以讲话吧，对不对？可以感谢我的外婆，结果什么都没有。那时候就非常的，老实讲非常的不爽。但是我没有表现在脸上，因为那个摄影机在拍你嘛，你还是要很开心的很大气的为大家鼓掌嘛。那我就觉得，原来演艺圈是这么的虚假。(掌声)

[16]于是呢，我就把它写了一首歌曲叫做《外婆》。(音乐)一方面我是在攻击这个攻击当天的不爽，为什么没有让我得奖，让外婆难过；另外是觉得自己很不孝，所以也写了像打狗仔骂狗仔的歌曲，像《四面楚歌》这样。这些歌曲可能引起不了太多的共鸣，因为可能很多人没有遇到狗仔，很多人不知道狗仔这么讨厌。慢慢的回归，我觉得必须要给一些正能量，所以我就没有再写这些有的没的歌了。那写了《梦想启动》，《稻香》。

[17]那时候我想说这么多的歌手，我要怎么样去不一样。所有的欧美的这些饶舌歌手，他们的歌词充满着暴力，他们的音乐很重，反差很大。我喜欢做反差很大的东西，那就是中国风了。中国风呢，其实老实讲特别难写，因为它只有五声音阶，你要怎么样跟别人不一样？那我就想说，我这种嗓音，咬字不清可不可以来中国风一下？于是呢，先写了这个《东风破》，我想大家都还熟悉吧？(音乐)

[18]然后拍了《黄金甲》之后呢，也感谢这个张艺谋导演。他说："我有听过你的这个《东风破》，不然来一个跟这个《黄金甲》有关的你觉得怎么样？"那时候我写了两首歌，一个是《黄金甲》，肯定大家比较没有听过，大家听到的都是《菊花台》对不对？果然，张导比较喜欢《菊花台》，所以用它作为了片尾曲。那这歌，也让很多的歌迷朋友的爸爸妈妈也认识了我。那也因此，很多差不多我蛮常遇到四五十岁，五六十岁，还有一些老奶奶说：我喜欢听你的《菊花台》。我才知道，其实听我歌的年龄层次是这么的广泛，所以我终于找到自己的特色，每张专辑要有个中国风。所以这

对于一个歌手来讲，你看累不累？ 其实非常累，因为你要想很多；然后你写了十首歌曲，你还要拍十支MV。为什么，因为我在写每首歌的时候，我的画面都已经在头脑里了，所以我必须把它拍出来。交给别人来拍，不信任别人，这就是我自己相信自己的地方。(掌声)

[19]所以，先拍了第一支MV。但是，是拿我的师弟当做白老鼠，来试验一下。拍完他们的MV我看一下觉得：哎，好像不错。我才来拍自己的MV(观众笑)，于是我拍了第一支MV之后，拍了第二支MV，拍了十支MV，拍了二十支MV，到现在累计，我觉得应该有七八十支MV了。这些MV呢，其实都是一个经验，为什么？ 因为我想当导演，所以我不断的在练习。这MV当中有好的，有不好的，你们觉得怎么样？(掌声)

[20]你们其实现在还是学生的时代，现在讲这个会不会好像太远了？ 其实不会，因为你们要考虑到未来。所以我才会写一首歌，叫做《听妈妈的话》。告诉从前的自己，因为那时候很喜欢周润发，周润发拍了一部片叫《赌神》，那也是为什么我喜欢变魔术的原因，是吧？ 所以呢，我写了一首歌，从未来告诉以前的自己，你会遇到周润发，因为他会演《黄金甲》当上了你爸，所以赌神未来会是你爸爸，懂了吧？(观众笑)

[21]那时候听的流行歌曲是张学友的歌，其实我开始写歌就是因为《吻别》开始。我就想说，有一天一定要写歌给他。果然，张学友唱了我的歌曲，而且还跟他一起同台表演，我就代表说自己不平凡了。(掌声)

[22]这些都是在我音乐的领域，我觉得我已经成功了。在

电影方面，拍《不能说的秘密》大家看过吧？ 那我一直在想，怎样的爱情可以变得不一样，然后穿梭时空这个电影情节我觉得非常特别。所以我利用了钢琴的速度来想象成是时光机，所以我觉得人要有想象力，因为很多人觉得我很天马行空的乱想东西，但是，其实时候做出来大家都是会吓一跳。这些工作人员往往会觉得："什么，你讲的剧本我觉得很奇怪，怎么钢琴弹得快变成时光机这样的"，拍出来，大家是不是吓一跳了，是不是了？ 没错。(掌声)

[23]然后，在这边鼓励大家就是，找寻自己的那一点跟大家的不一样，去把它放大。

[24]今天的演讲到此结束，谢谢！(掌声)

번역문

[1]북경대 학생 여러분, 안녕하세요? - 네! (관중들 환호)

[2]이런 무대에 서서 강연을 하다니 정말 대단한 것 같아요. 저도 성공한 셈인 거죠. (박수)

[3]사람은 꿈이 있어야 해요. 저도 여러분처럼 제 자신이 사실 굉장히 평범하다고 생각하고, 단지 음악을 공부했을 뿐인데 이렇게 음악을 공부한 것으로 이런 무대에 서서 강연을 한다는 것도 물론 쉬운 일은 아니네요. 여러분이 보기엔 대학도 안 나온 사람이 여러분 앞에서 강연을 한다는 것이 좀 이상하죠? - 아니요! (관중들 환호)

[4]방문산(方文山) 씨도 초등학교 밖에 안 나왔는데, 그 사람이 쓴 작품이 교과서에 실릴 수 있었잖아요. 이 시점에서 박수 좀 나와 줘야하지 않을까요? (박수, 환호)

[5]그래서 제 생각에 대단하거나 비범한 사람이 공부를 잘 한 것만은 아니라는 것입니다. 자신이 잘하는 특기가 있어야 한다고 생각합니다. 저 본인도 엄마와 선생님 말씀을 잘 듣고 따랐어야 했고, 그 당시 엄마는 제가 음악과에 시험을 봐서 대학가기를 바라셔서, 시험을 거의 두 번 정도 봤을 거예요. 제가 공부 쪽은 아마 아니었던 것이겠죠. 게다가 공을 가지고 노는 것을 좋아했어요. 그래서 마음속에 무슨 생각이 있었던 것인지 정확히 모르겠지만, 아마 운동신경이 있었던 것이겠죠. (하하)

[6]제가 지금 말씀드리는 이런 것들이 모두 저의 성공 포인트 들입니다. 생각해 보세요, 어렸을 때 만약 제가 한 쪽에 얌전히 틀어박혀서 공을 갖고 놀지 않았다면 제가 지금 어떻게 영화《쿵푸덩크·大篮球》를 찍을 수 있었을까요? (박수) 만약 그 당시 피아노를 배우지 않았다면, 제가 지금 어떻게 영화《말할 수 없는 비밀·不能说的秘密》을 찍을 수 있었을까요,

그렇죠? (박수) 그 당시 만약 그런 무술 영화들을 좋아하지 않았다면, 제가 어떻게 영화《그린 호넷·青蜂侠》을 찍을 수 있었을까요, 그렇잖아요? (박수)

[7]이런 것들은 부모님이 시켜서 배운 것도 아니고, 본인이 자발적으로 좋아서 배운 것들이었습니다. 그래서 사람은 장기가 꼭 하나 있어야 한다고 봅니다. 학력보다도 더 중요한 것이죠. 이것은 제가 젊은 친구들에게 항상 해주는 말입니다. 오늘은 학교에 왔으니 학창시절에 대해 말해보죠. 저는 굉장히 체면을 차리는 사람입니다. 그리고 제 생각에 여러분은 이미 제가 승부욕이 강한 사람으로 보실 거라 믿고요.

[8]제가 간단한 예를 하나 말씀드리겠습니다. 버스를 탔어요. 모두들 이런 경험 있으실 거예요. 사람들이 굉장히 많을 때인데 버스 끝까지 밀려갔다가 버스 문에 끼이게 되었어요. 이런 느낌 있어보셨죠? 하지만 아픈데도 불구하고 말을 꺼내지 못했어요. 앞 쪽에 여학생들이 여러 명 앉아 있었거든요. 말하고 싶었지만 다음 역까지 기다리기로 했어요. 어쨌든 버스 문이 자동으로 열리겠지 생각했거든요. 그런데 뜻밖에 다음 역에서 안 쉬더라고요. 그래서 하는 수 없이 조용히 한 여학생에게 말을 걸었습니다. 죄송한데 버스기사님한테 제 손이 문에 끼었다고 말씀 좀 해 주시겠어요? (관중들 웃는다.) 그러고 나서 버스기사님도 그렇고 여학생들도 분명 궁금해 하며 생각했을 것 같아요. '왜 처음부터 말 안하고 두 세 정거장 가서야 말했을까?'하고요. 이것으로 제가 어떤 사람인지 드러나지요? 굉장히 체면을 따져요. 체면을 따지는 데다가 승부욕도 강하지요. 하지만, 이런 것이 오히려 연예계 생활을 하고 있는 저에게 많은 도움을 주었습니다. 왜냐하면 스스로에게 말하거든요. '절대 지면 안 돼, 항상 일등이여야 해'하고요. 이 시점에서 박수 좀 나와 줘야 하지 않나요? (박수)

[9]제가 방금 이렇게 학창시절에 대해 말씀 드렸는데, 학창시절, 사실 그 때 대학에 떨어져서 그 뒤로 바로 곡을 썼어요. 데뷔하기 전에 《달팽이·蜗牛》를 쓰고 있었어요. 다들 들어 보셨죠?

[10]그때 합숙생활을 했어요. 옥탑방 합숙이 아니라 녹음실에서요. 그 뒤로, 오종헌(吴宗宪) 씨에게 발굴되었는데 3일 동안 십여 곡을 써야했습니다. 그가 나에게 준 과제인 것이죠. 그러고 나서 그는 그 중에서 곡을 골라 썼어요. 그래서 그때 저의 곡이 사용되기를 굉장히 기대했었답니다. 왜냐하면, 그래야만 돈이 생기고, 집에 가져가서 아빠엄마한테도 드릴 수도 있었으니까요. 그래서 그 때 스스로에게도 기대를 걸었어요. 반드시 돈을 벌어서 가족들을 편하게 살 수 있게 하기로. 이것이 바로 제가 곡을 쓰게 되었던 중요한 요인이었습니다. 또 하나의 이유는 부모님께서 제가 어렸을 때, 학비나 피아노 레슨비로 돈을 너무 많이 쓰셨어요. 그래서 돌려 드리고 싶었어요. 그 때 신념 하나가 있었는데요, 그게 바로 부모님을 실망시키지 말자라는 것이었죠. 사실 솔직히 말하자면 이런 생활에서 때로는 저 혼자서 버거울 때도 있었습니다. 왜냐하면 형제자매가 없거든요. 그렇게 곡을 쓰던 중 류경굉(刘畊宏) 씨를 알게 되었습니다. 그 당시 그는 이미 가수였어요. 저는 그의 녹음실에서 신세를 졌어요. 그는 저에게 입을 옷도 주고, 먹을 것도 주었는데, 차는 주지 않더라고요. 하지만 그는 저를 데리고 여기저기 잘 놀러 다니며 그의 인생을 즐겼죠. 그런 후 나에게 그의 친구들을 소개해 주었어요.

[11]어느 날 오종헌(吴宗宪) 씨가 "네가 쓴 곡들이 다 괜찮긴 한데, 부를 수 있는 사람이 없어!"라고 말하더군요. 회사에서는 또 다른 음악 총감독인 양준영(杨峻荣) 씨를 모셔왔는데, 그 후에 그가 저의 노래를 듣더니, "네 노래들을 다른 사람들이 안 쓴다고 하면, 아예 네가 직접 불러봐."라고 하더군요. 그 때 이렇게 말하고 싶었어요. '응? 가수가 되라는

거예요? 그럴 리가?' 그래서 별 생각 않고 제 노래를 불러보았어요. 그런 후 어느 날 한 음반회사 공연이 있었는데, 많은 연예인들과 기업 사장님들이 보러 온다고 해서 긴장이 굉장히 많이 되더라고요. 이 날 어떤 노래를 불러야 할지 몰랐어요. 그럼 그냥《블랙유머·黑色幽默》를 불러야겠다. (음악)

[12]그 때 정말로《黑色幽默》를 불렀어요. 왜냐하면 류경굉(刘畊宏)씨가 저에게 추천하면서 말하더라고요. "이 노래로 불러, 이 노래가 너와 너무 잘 어울려. 이전의 발라드처럼 굉장히 엄숙 할 수 있는데, 이런 이상한 가사는 없잖아." 그래서 제가 말했죠. "그런데 음반회사에서 온 사람들이 외국인인데 알아들을까?" 했더니, 그가 말하길 "어쨌든 네 노래도 명확하지 않잖아, 어찌되었거나 그도 네가 무엇을 부르는지 모를 거야. (관중들 웃는다.) 선율이 좋으면 되는 거야." 저도 그렇긴 한 것 같더라고요. 그래서 이렇게 첫 번째 노래를 불렀는데, 무대 아래에서는 아무 반응이 없었어요. '어떻게 된 일이지?'했죠. 류경굉(刘畊宏) 씨가 저에게 노래 소리가 너무 작았다고 말하더군요. 그러고 나서 저에게 두 번째 노래를 부르게 한 이유를 사실 그 뒤에 알게 되었는데, 류경굉 씨가 조용히 스텝한테 가서 다시 한 번 기회를 주라고 했다더군요. (박수)

[13]두 번째는 정말 열심히 불렀어요. 그래서 앨범을 낼 수 있는 기회를 얻게 되었죠. 그 때 첫 번째 타이틀 곡이《귀여운 여인·可爱女人》입니다.《可爱女人》이 바로 이렇게 나왔고요. 그 당시에 같은 회사 소속의 선배 누나인 서약선(徐若瑄) 씨가 첫 번째 뮤직비디오를 찍어주었어요. 이 선배는 그때 당시 여신이었어요. 그때 정말 '여신이 뮤직비디오를 찍어주다니, 꿈이야 생시야?'했어요. 그 후 그녀가 그러더군요. "저 피아노 좀 가르쳐 주실 수 있어요?"하고요. 그 때 알게 되었어요, '내가 피아노를 배운 것이 잘한 일이었구나!'라는 것을요. (박수)

[14]그 당시 제가 쓴 곡은 다른 가수에게 부르도록 주었는데, 그 후 저의 첫 번째 앨범의 곡들은 거의 다른 가수들에게 주었는데 안 쓴다고 버린 곡들을 다시 가져와 부른 것이었죠. 그래서 《쌍절곤·双节棍》이라는 노래가 있게 된 것입니다. (박수) 그래서 저는 그 당시에 제 노래를 쓰지 않은 가수들에게 감사해 하고 있습니다. 지금은 그 분들이 어디로 가셨는지 모르겠네요. 아니, 농담이었어요. (관중들 웃는다.) 그래서, 저는 멈추지 않고 계속 앞을 향해 갔습니다. 무엇을 위해서냐고요? 바로 저의 노래를 좋아하는 팬 여러분들을 위해서입니다. 여러분들은 사람을 잘 보신 겁니다! (박수)

[15]그러고 나서 그 때 앨범 몇 장을 낸 후 몇 군데의 시상식에 갔어요. 이런 상들을 천천히, 사실 처음부터 굉장히 욕심을 냈어요. 누가 상을 마다하겠어요, 그렇잖아요? 한번은 외할머니를 모시고 시상식에 참석을 했어요. 제 생각엔 적어도 상하나 정도는 받아 무대에 올라가서 말 할 수 있을 거라고 생각 했어요. 그렇잖아요? 그래서 저의 외할머니에게 감사의 뜻을 전하고 싶었는데, 결과는 아무것도 못 받았어요. 그 때 정말 엄청나게, 솔직히 말 해 굉장히 불쾌했어요. 그러나 얼굴에 표시를 내지는 않았어요. 카메라가 찍고 있으니, 어쨌든 다른 수상자들의 수상을 기쁘고 대범한 척하며 박수를 쳐줘야했어요. 저는 그 때 '연예계가 이렇게 가식적이구나!'라고 느꼈답니다. (박수)

[16]그래서 저는 그 것을 곡으로 썼고, 제목을 '외할머니'라고 붙였습니다. (음악) 한편으로는 그 날의 불쾌함, 나에게 상을 주지 않아 외할머니를 마음 아프게 한 것에 대한 공격이었고, 다른 한편으론 스스로 불효자가 된 느낌이라 《사면초가·四面楚歌》와 같은 파파라치를 때리고 욕하는 그런 노래를 썼습니다. 이런 곡들은 아마 큰 공감을 얻지는 못 했을 거예요. 많은 사람들이 파파라치와 부닥칠 일이 없었을 것이고, 이 정도로 미

운 지도 모를 것이니까요. 천천히 돌아와 저는 긍정의 힘이 필요했어요. 그래서 저는 이런 억지스러운 노래를 다시 쓰지 않았어요. 그래서 쓴 것이《꿈의 시작·梦想启动》,《벼향기·稻香》같은 곡들입니다.

[17]그 때 저는 가수들이 이렇게 많은데 어떻게 하면 그들과 다를 수 있는지 고민했습니다. 유럽이나 미국의 모든 랩 가수들은 가사에 폭력적인 내용이 가득했고, 음악적인 면에서도 무거워서 굉장히 대비적이었어요. 저는 다른 것들과 대비가 되는 것들을 만드는 것을 좋아했어요. 그것이 바로 '중국풍'이었죠. '중국풍'이란 것이 사실 솔직히 말하면 굉장히 쓰기가 어렵습니다. 전통적인 중국풍은 오음계 밖에 되지 않기 때문입니다. 어떻게 하면 다른 사람과 다를 수 있을까? 그게 바로, 저의 이런 목소리, 그리고 말할 때 웅얼거리는 듯한 것으로 '중국풍'을 만들 수 없을까? 생각했어요. 그래서 먼저《동풍파·东风破》를 쓰게 되었답니다. 여러분들이 잘 아는 곡일 거예요.(음악)

[18]그런 다음, 영화《황후花·黄金甲》(2007)를 찍고 나서, 장예모(张艺谋) 감독한테 감사했어요. 그가 말했죠. "내가 자네의《동풍파·东风破》를 들어봤는데,《黄金甲》영화와 관련된 것을 써보는 것은 어떤가?" 하더라고요. 그 때 두 곡을 썼어요, 그 중 하나가《黄金甲》인데, 분명히 여러분들은 못 들어 보셨을 거예요. 여러분들이 들어 본 것은《국화꽃 돈대·菊花台》이죠? 아니나 다를까, 장감독이《菊花台》를 좋아하더라고요. 그래서 그 곡을 엔딩 크레디트로 사용했어요. 또한 많은 팬 여러분들의 아빠, 엄마가 저를 알 수 있도록 한 곡이기도 했어요. 그로 인해 거의 사오십 대, 오육십 대 혹은 더 나이 드신 할머니들까지도 저를 보시면 "나《菊花台》좋아해요."라고 하시더라고요. '사실 내 노래를 듣는 연령층이 이렇게 넓었구나!'하는 것을 그 때 알게 되었죠. 그리하여 마침내 저의 특색을 찾게 되어 앨범마다 '중국풍'을 꼭 담았답니다. 가수로써 힘들 것 같

지 않나요? 사실 굉장히 힘이 듭니다. 생각해야 하는 것이 너무 많거든요. 그러고 나서 열 곡을 썼고, 열 편의 뮤직비디오를 찍어야 했습니다. 저는 곡을 쓸 때 마다 머릿속에 장면이 이미 그려지거든요. 그래서 저는 그것을 꼭 찍어야 했습니다. 다른 사람에게 찍게 하는 것은 못 미더워서요. 이것은 바로 제가 저 스스로를 믿기 때문입니다. (박수)

[19]그래서 첫 번째 뮤직비디오를 찍었고, 먼저 제 후배를 실험용 쥐로 삼아 실험을 해보았습니다. 후배들이 찍은 뮤직비디오를 보고 생각했어요. '아, 괜찮은 것 같은데.' 그러고 나서 저의 뮤직비디오를 찍었습니다. (관중들이 웃는다.) 그래서 저의 첫 번째 뮤직비디오를 찍고 나서, 두 번째를 찍고, 이렇게 열 번째, 스무 번째 뮤직비디오를 찍었는데요. 지금까지 찍은 것이 아마 70~80편은 될 거예요. 이 뮤직비디오들은 사실 일종의 경험이었어요. 왜냐고요? 왜냐하면 감독이 되고 싶었거든요. 그래서 저는 지속적으로 연습을 했습니다. 이런 뮤직비디오 중 괜찮은 것도 있고 그렇지 않은 것도 있는데 여러분들 보시기엔 어떠십니까? (박수)

[20]사실 여러분들은 아직 학창시절을 보내고 계신데, 제가 지금 이런 얘기 하는 것이 멀게 느껴질 수도 있겠지만 사실 그렇지 않습니다. 여러분들은 미래를 생각하셔야 하기 때문입니다. 그래서 저는 '《엄마 말 들어· 听妈妈的话》'라는 노래를 쓰게 되었어요. 이전의 자신에게 알려주는 것이죠. 그 당시 주윤발(周润发)을 좋아했는데요. 주윤발이 《도신·赌神》이라는 영화를 찍었고 이 또한 제가 마술을 좋아하게 된 이유입니다. 그래서 노래를 한 곡 썼어요. 미래의 제가 이전의 자신에게 알려주는 거예요. '넌 주윤발을 만날 거야. 왜냐하면 그가 영화 《黄金甲》에서 네 아빠 역을 맡을 것이거든, 그러니까 도박의 신(赌神)이 미래의 네 아빠인 것이지'라고요. 이해하셨나요? (관중들이 웃는다.)

[21]그때 들은 유행가가 장학우(张学友)의 노래인데, 제가 노래를 쓰기

시작한 것이 사실《작별키스·吻别》때문이거든요. 어느 날 그에게 반드시 곡을 써줘야지 하고 생각했었어요. 결국엔 장학우가 저의 노래를 불렀고, 게다가 그와 함께 같은 무대에서 공연까지 하게 되었죠. 저 대단하죠. (박수)

[22]이러한 음악적인 영역에서 저는 이미 저는 성공했다고 봅니다. 영화적인 측면에서는《말할 수 없는 비밀·不能说的秘密)》을 찍었는데, 모두들 보셨지요? '어떤 사랑이 다르게 표현 될 수 있을까?'하고 계속 생각해 왔는데, 시간과 공간을 초월하게 되는 이런 영화 줄거리가 스스로 굉장히 독특하다고 생각했어요. 그래서 저는 피아노의 속도를 이용한 타임머신을 상상하게 되었습니다. 그러니까 사람은 상상력이 있어야 한다고 봅니다. 많은 사람들이 제가 아무렇게나 제멋대로 생각한다고 했었지만, 사실 영화가 나오고 나서는 모두들 깜짝 놀랐을 거예요. 스텝들은 종종 이렇게 생각했을 거예요. '뭐? 네가 말한 극본은 굉장히 이상해. 어떻게 피아노를 빠르게 치는 것으로 타임머신이 될 수 있어?'라고요. 영화가 나오고 나서, 모두들 깜짝 놀라셨죠? 그렇지 않아요? 네, 그럴 겁니다. (박수)

[23]마지막으로, 여기에서 여러분께 말씀드리고자 하는 것은 그런 남들과는 다른 바로 자신만의 장점을 찾아 펼쳐나가라고 하는 것입니다.

[24]오늘 강연은 여기서 마치도록 하겠습니다. 감사합니다. (박수)

1. 착상

1.1. 수사적 상황과 연설가 분석

본 강연은 중국방송 CCTV-1채널에서 방송하는『开讲啦』라는 프로그램에서 청소년 특집으로 진행한 것으로, 북경대학교 백년기념강당에서 열렸다. 2013년 4월 22일 저녁은 원래 주걸륜이 새 영화《천태·天台》를 홍보할 계획이었으나, 사천성 지진참사로 인해 영화홍보는 잠시 접어두고, 사람들에게 '긍정의 힘'을 전달하기 위한 강연을 하기로 한 것이다. 사회적으로 사천성 지진 피해에 대한 우울한 분위기 때문이었는지, 이날 주걸륜은 평소와는 다르게 화려하지 않은 검은색의 절제된 복장으로 강연장에 나왔다.

주걸륜은 1979년 대만에서 태어나, 현재 가수이면서, 작사 및 작곡도 하고 있으며, 영화배우이자, 뮤직비디오와 영화감독, 편집 및 제작까지 겸하고 있는 다재다능한 재주꾼이다. 그에 대한 내용은 아래 강연 내용에서도 살펴 볼 수 있다.

단락[3]

我没有考上大学。

저는 대학을 나오지 않았습니다.

단락[5]

我又很爱打球，可能就是有一种运动细胞吧。

공 가지고 노는 것을 좋아했어요, 아마도 운동신경이 있었던 것이겠죠.

단락[6]

如果那时候没有学琴，我现在怎么拍《不能说的秘密》对吧？

만약 그 당시 피아노를 배우지 않았다면, 제가 지금 어떻게 영화《말할 수 없는 비밀》을 찍을 수 있었을까요, 그렇죠?

那时候如果不喜欢看这些武术的电影，我怎么拍《青蜂侠》对吧？

그 당시 만약 그런 무술 영화들을 좋아하지 않았다면, 제가 어떻게 영화《그린 호넷》을 찍을 수 있었을까요, 그렇지 않아요?

단락[8]

这代表说我是一个很怎么样的人？很爱面子。爱面子呢，又好胜。

이것으로 제가 어떤 사람인지 드러나지요? 굉장히 체면을 따져요. 체면을 따지는 데다가 승부욕도 강하지요.

단락[20]

那也是为什么我喜欢变魔术的原因。

그것 또한 제가 마술을 좋아하게 된 이유입니다.

상기 그의 강연 내용에서 알 수 있듯 주걸륜은 '爱面子(체면을 차리다)', '好胜(승부욕이 강하다)'이란 단어를 사용하면서, 본인 스스로가 체면을 중시 여기고, 승부욕이 강한 사람이라는 것을 직접적으로 드러내었다. 이런 성격이 평범함에서 성공으로 끌어 올릴 수 있었던 요소가 됨을 보여주었다. 어려서부터 음악과 운동, 마술을 좋아했던 그는 대학에서 전문적으로 음악이나 연기 공부를 하지는 않았다. 하지만, 피아노 치는 것을 좋아했기에, 영화《말할 수 없는 비밀·不能说的秘密》(2008)도 성공적으로 흥행시킬 수 있었고, 무술영화를 좋아했기에《그린 호넷·青蜂侠》(2011)도 찍었다. 이처럼 자신이 좋아하고 잘하는 몇 가지의 특징을 살려서 자신의 일에 잘 접목시켜 끊임없는 노력을 통해 성공에 이른 사람임을 엿 볼 수 있다.

주걸륜의 강연은 진실 규명 등에 대한 법정연설의 태도와 취임 연설 등의 식장연설 성격보다는 청중의 득과 실에 대한 판단을 요구하는 성격이 짙기 때문에 정치적 연설에 가깝다고 할 수 있다. 왜냐하면, 주걸륜의 강연 내용에서는 사건을 규명하거나, 진실에 대한 참 혹은 거짓을 밝히려는 요소를 찾아보기 힘들기 때문이다. 다시 말해, 강연의 주된 내용은 비록 지금은 평범하지만, 자신이 갖고 있는 장기를 찾아 잘 개발하면 성공을 할 수 있다는 긍정 마인드를 청중에게 인식시켜 주고 미래에 대한 대안과 비전을 제시하고 있기 때문에 내용상 정치적 연설로 보는 것이 타당할 것이다.

1.2. 논거 찾기

논거 찾기에서는 '~해야 한다.'라는 연설자의 지향(指向)점과 '~하지 말아야 한다.'라는 지양(止揚)점으로 나누어 분석 해 볼 수 있다. 하지만 주걸륜은 강연에서 지양점은 언급하지 않았으므로, 지향점에 대해서만 분석한다. 주걸륜은 청중들에게 '꿈(梦想)'을 가져야 한다며, '正能量(긍정의 힘)', 즉 '긍정 마인드'를 주는 것이 주된 목적이었으므로, 사실상 '~하지 마라', '~면 안 된다.' 등의 부정적이거나 금지하는 말은 거의 사용하지 않았다.

단락[3]

人都要有梦想，其实我跟大家一样啊，我觉得自己就是非常平凡，只是学了点儿音乐而已。学了这些音乐呢，最后能够站在这个舞台演讲，也不容易啊。因为我没有考上大学，但是我却跟你们演讲，你们会不会觉得有点奇怪?

사람은 꿈이 있어야 해요. 저도 여러분처럼 제 자신이 사실 굉장히 평범하다고 생각하고, 단지 음악을 공부했을 뿐인데 이렇게 음악을 공부한 것으로 이런 무대에 서서 강연을 한다는 것도 물론 쉬운 일은 아니네요. 여러분이 보기엔 대학도 안 나온 사람이 여러분 앞에서 강연을 한다는 것이 좀 이상하죠?

단락[5]

所以我觉得厉害的人，我觉得不平凡的人，并不是书要念的多好，我觉得他要有一技之长。

그래서 제 생각에 대단하거나 비범한 사람이 공부를 잘 한 것만은 아니라는 것입니다. 저는 자신이 잘하는 특기가 있어야 한다고 생각합니다.

단락[23]

在这边鼓励大家就是，找寻自己的那一点跟大家的不一样，去把它放大。

마지막으로, 여기에서 여러분께 말하고자 하는 것은 그런 남들과는 다른 바로 자신의 장점을 찾아 그것을 펼쳐나가라고 하는 것입니다.

첫 번째 내용에서 알 수 있듯이, 강연의 주제로 좀 더 폭 넓게는 '梦想', 즉 '꿈'을 갖는 것이다. 그런데, 막연하게 '꿈'을 가져야한다는 당위성만 강조하였다면, 청중들에게 호응을 받지 못 하였을 것이다. 그는 "我跟大家一样(저도 여러분과 같아요.)", "我觉得自己就是非常平凡(저 스스로 평범한 사람이라고 생각합니다.)"라고 하며, 청중과 같은 입장임을 밝히면서 눈높이를 같이 하였다. 그런 평범함 속에서 단지 좋아하는 음악을 공부했을 뿐이고, 전문적으로 대학까지 가지는 못했지만, 일류대인 북경대의 학생들에게 강연을 하게 되었다는 것으로 '꿈'의 실현에 대한 신념을 갖도록 해 주었다. 그럼, 이런 '꿈'을 갖고 어떻게 할 것인가? 사실, '꿈'이라는 것은 추상적인 개념이다. 그래서 그는 논점에서 좀 더 구체화시켜서 '장점 하나는 꼭 갖고 있어야 한다.'라는 조건을 들어서 '一技之长(한 가지 뛰어난 재주)'이라는 주제어를 도출해 내었다. 자신의 경험을 통하여 공부를 꼭 잘해야만 성공할 수 있는 것이 아니라는 것을 스스로 입증하며, 현재 공부에만 전

전긍긍하는 젊은이들에게 시야를 좀 더 넓혀 자신의 장점을 찾아 계발하도록 설득하고 있다. 주걸륜은 이런 지향점들에 대해 다양한 자신의 경험들을 제시하여 강연의 내용을 구체화시켰다. 또한 실제로 있었던 경험들을 토대로 이야기를 구체화시키고, 전개해나갔기 때문에, 청중들에게도 그 만큼 많은 호응을 얻을 수 있었다.

2. 배열

2.1. 들머리

들머리는 청중들의 호감 사기, 관심 끌기, 이해 돕기를 목적으로 하는 부분으로 청중들이 강연에 집중할 수 있도록 하는 'ice break'에 해당하는 초입부분이다. 주걸륜 강연 24개 단락 중 단락[1]~[3]까지가 해당된다.

단락[1]

各位北大的同学们，你们好吗?

북경대 학생 여러분, 안녕하세요?

단락[1]에서 호칭과 인사로써 강연의 시작을 알린다. 이것은 청중의 분산된 이목을 한 곳에 집중시키는 의사소통의 첫마디로 강연에서는 어떤 어조를 사용하느냐에 따라 첫 인상이 달라질 것이다.

단락[2]

站在这个舞台开讲，真的是不简单，算是成功了哦。

이런 무대에 서서 강연을 하다니, 정말 대단한 것 같아요, 성공한 셈인 거죠.

단락[2]에서는 이런 무대에 서게 된 것에 대한 감격의 마음을 알리는 부분이다. 본인 자신은 평범한 사람인데, 대중 앞에 서게 되었음을 '成功(성공)'이라는 단어를 사용하여 유머러스하게 청중과 소통을 시도해보는 부분이다.

단락[3]

人都要有梦想，其实我跟大家一样啊，我觉得自己就是非常平凡，只是学了点儿音乐而已。学了这些音乐呢，最后能够站在这个舞台演讲，也不容易啊。因为我没有考上大学，但是我却跟你们演讲，你们会不会觉得有点奇怪?

사람은 꿈이 있어야 해요. 사실, 저도 여러분처럼, 저 자신이 굉장히 평범하다고 생각하거든요, 단지 음악을 공부했을 뿐이고요. 이렇게 음악을 공부한 것으로 이런 무대에 서서 강연을 할 수 있다는 것도 물론 쉬운 일은 아니네요. 대학도 안 나온 사람이 여러분에게 강연을 한다는 것이 여러분이 보기엔 좀 이상하죠?

단락[3]은 전반적인 내용의 암시를 나타내주는 부분이다. 주걸륜 본인은 이미 성공한 사람으로 무대에 서게 된 것이지만, 사실은 그 역시 평범한 사람이라는 것을 강조하며, 자신을 낮추고 청중들을 높여서 청중들의 관심을 끌고 있다.

2.2. 얼거리

얼거리는 연설이 본격적으로 시작되는 부분으로, 보통 연설의 대강을 설명하는 부분을 말한다. 주걸륜의 강연에서는 단락[4]~[7]까지 얼거리에 해당된다.

단락[4]

方文山也才读过小学而已。不过，他写的东西却能够到教材里面。这时候是不是该来点掌声啊?

방문산 씨도 초등학교 밖에 안 나왔는데, 그 사람이 쓴 작품이 교과서에 실릴 수 있었잖아요. 이 시점에서 박수 좀 나와 줘야하지 않을까요?

단락[5]

所以我觉得厉害的人，我觉得不平凡的人，并不是书要念的多好，我觉得他要有一技之长。本身呢，也要听妈妈的话，尊师重道。那时候她(周杰伦妈妈)也希望我可以考上音乐系，然后读大学。我大概考了两次吧。可能我不是读书的料，而且我又很爱打球，所以也不知道自己心理是怎么搞得，可能就是有一种运动细胞吧。

그래서 제 생각은 대단하거나 비범한 사람이 공부를 잘 한 것만은 아니라는 것입니다. 자신이 잘하는 특기가 있어야 한다고 생각합니다. 저 본인도 엄마와 선생님 말씀을 잘 듣고 따랐어야 했고, 그 당시 엄마는 제가 음악과에 시험을 봐서 대학가기를 바라셔서, 시험을 거의 두 번 정도 봤을 거예요. 제가 공부 쪽은 아마 아니었던 것이겠죠, 게다가 공 가지고 노는 것을 좋아했어요. 그래서 마음속에 무슨 생각이 있었던 것인지 정확히 모르겠지만, 아마 운동신경이 있었던 것이겠죠.

단락[6]

那其实我现在讲的这些，都是我未来成功的一些关键，你想一想年轻时候，如果我被好好的关在那边，我没有去打球，我现在怎么拍《大篮球》是吧？如果那时候没有学琴，我现在怎么拍《不能说的秘密》对吧？那时候如果不喜欢看这些武术的电影，我怎么拍《青蜂侠》对吧？

제가 지금 말씀드리는 이런 것들이 모두 저의 성공 포인트 들입니다. 생각해 보세요, 어렸을 때, 만약 제가 한 쪽에 얌전히 틀어박혀서, 공을 갖고 놀지 않았다면, 제가 지금 어떻게 영화《쿵푸덩크》를 찍을 수 있었을까요? 만약 그 당시 피아노를 배우지 않았다면, 제가 지금 어떻게 영화《말할 수 없는 비밀》을 찍을 수 있었을까요, 그렇죠? 그 당시 만약 그런 무술 영화들을 좋아하지 않았다면, 제가 어떻게 영화《그린 호넷》을 찍을 수 있었을까요, 그렇잖아요?

단락[7]

这些呢，都不是父母让你去学的，你是有自发性的，你喜欢这样的东西。所以，我觉得人要有一技之长呢，比学历更重要。这个是我一直在跟这些小朋友讲的。讲到学生的阶段，因为今天是在学校嘛。其实我是一个蛮爱面子的人，我觉得。相信大家都看得出来，一个很好胜的人。

이런 것들은 부모님이 시켜서 배운 것도 아니고, 본인이 자발적으로 좋아서 배운 것들이었습니다. 그래서 사람은 장기가 꼭 하나 있어야 한다고 봅니다. 학력보다도 더 중요한 것이죠. 이것은 제가 젊은 친구들에게 항상 해주는 말입니다. 오늘은 학교에 왔으니 학창시절에 대해 말해보죠. 저는 굉장히 체면을 차리는 사람입니다. 그리고 제 생각에 여러분은 이미 제가 승부욕이 강한 사람으로 보실 거라 믿고요.

단락[4]는 단락[5]를 입증하는 예로, 단락[5]에서는 앞의 내용을 구체화하여 설명하는 단락이 된다. 즉, 귀납법 적으로 구성이 되었으며, 첫 문장에 '제 생각에(我觉得)'를 반복적으로 사용하며 '한 가지 뛰어난 재주(一技之长)'라는 주제를 도출하였는데, 이것으로써 전체 내용의 핵심을 이루는 단락이기도 하다. 또한 뒤에 내용은 다시 첫 문장을 뒷받침해 줄 예증이 도출되어 이 단락부터 다시 재분석해 보면 연역적 방식으로도 해석이 될 수 있다. 단락[6]에서는 성공을 입증하기 위한 것으로 '만약(如果)'라는 가설을 세 번 반복하며, 《쿵푸덩크·大篮球》(2008), 《말할 수 없는 비밀·不能说的秘密》(2011), 《그린 호넷·青蜂侠》(2008)라는 그의 성공을 알릴 수 있는 결과물을 제시하였는데, 이것으로 내용이 더욱 구체화되었다. 또한 단락[7]로 와서 다시 전체 얼거리에 대한 내용을 정리하며 강연의 본격적인 내용이 시작된다.

2.3. 밝히기

밝히기는 연설문에서 찾은 논거들을 가지고 연설자가 청중들에게 타당성을 원칙으로 논증해 가는 부분이다. 주걸륜 강연에서는 단락[8]~[22]가 밝히기에 해당된다. 우선 원인에 대한 논증법을 살펴보면, Christian Plantin은 '원인에 의한 논증은 시간적으로 순서가 정해진 사건-유형 연속을 전제로 갖는다.'라고 했다. 주걸륜 강연에서도 이런 원인에 대한 논증법을 잘 보여주고 있다. 앞에서 제시한 '一技之长(장기가 꼭 하나 있어야 한다.)'이라는 주제어를 뒷받침해주기 위해, 밝히기에서는 본인의 성공과정을 실제로 겪었던 일화들을 제시하며 학창시절부터 시작하여 현재에 이르기까지 단계별로 설명해준다. 또한 각각의 작은 일화들은 인과관계의 구성으로 비교적 통일성을 보였다. 단락별 구성은 원인과 결과가 있다면, 그 결과를 이루기 위한 과정을 사이에 넣어 결과를 뒷받침 해주었다. 그 단락별 구성 내용을 살펴보면 다음과 같다.

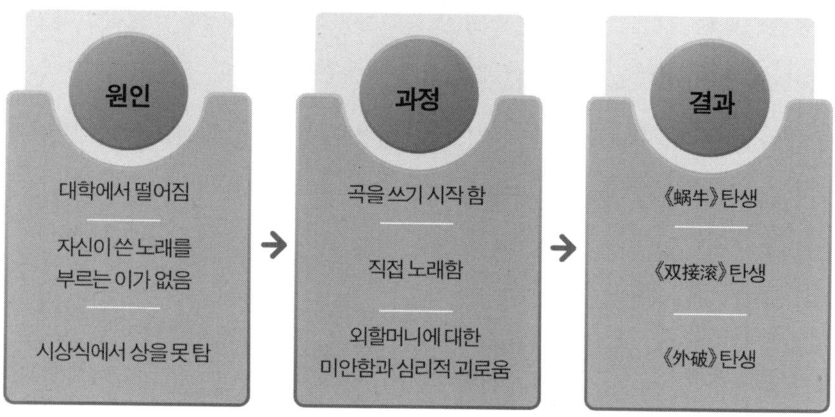

대부분의 일화는 위와 같이 인과관계를 단계별로 서술해 나갔다. 시상식의 일화에서 상을 타지 못하자 슬럼프에 빠져 반항적인 노래를 만들어 부르다가, 다시 일어나 '긍정'의 메시지를 담은 노래로 탈바꿈을 한다. 그러던 중 그의 생각에도 변화가 생겨 다른 사람과 다른 그의 스타일을 찾다가, '중국풍(中国风)'이라는 자신만의 스타일을 구축하게 되었고, 그러면서 팬 층도 다양해지고 그 연령층도 넓어지며 인지도를 얻게 되었다. 또한 노래를 만들고 부르는 것에 머무르지 않고, 머릿속으로 상상했던 것까지 뮤직비디오로 직접 펼쳐보며 촬영도 해보다가 영화감독까지 도전을 하게 된다. 이것 역시 위에서 제시한 '원인-과정-결과'의 패턴을 일관성 있게 지켜나가고 있다.

또한 전반적인 내용에서는 연역 추론(삼단논법)을 사용하여 결론을 도출해 나갔다. 연역 추론이란 이미 알고 있는 하나 또는 둘 이상의 일반적인 명제를 기초로 하여 새로운 명제를 이끌어 내는 사고 작용이다. 이끌어낸 명제가 진리일 가능성을 따지는 귀납 추론과는 달리, 연역 추론은 명제가 참이냐 거짓이냐를 문제 삼기보다는 논리적 타당성, 명제들 간의 관계만을 문제 삼는다. 곧, 연역 추론은 결론이 전제들로부터 절대적인 필연성을 가지고 도출된다고 여겨지는 논증 방식이다. 연역 추론을 대표하는 것이 삼단논법이다. 삼단 논법은 대전제, 소전제, 결론으로 구성되고 전제가 '참'이면 결론도 '참'이다

주걸륜의 강의를 보면, 대전제는 결론의 술어개념인 대개념을 포함한 전제이고, 소전제는 결론의 주어개념인 소개념을 포함한 전제이며, 매개념은 두 전제에서만 나타나며 결론에서는 나타나지 않는다. 표준형식 삼단논법에서는 대전제가 먼저 진술되고 그 다음에 소전제가 진술된다. 그

① 성공의 원칙 1

대전제	방문산씨는 초등학교밖에 안 나왔다.	이미 알고 있는 명제(참)
소전제	방문산씨의 작품은 교과서에 실릴 정도로 대단하다.	이미 알고 있는 명제(참)
결론	대단하거나 비범한 사람이 되기 위해 학력이 중요한 것은 아니니다.	새로운 명제(참)

② 성공의 원칙 2

대전제	나는 성공했다.	이미 알고 있는 명제(참)
소전제	나는 특기가 있다.	이미 알고 있는 명제(참)
결론	특기가 있으면 성공한다.	새로운 명제(참)

러나 대전제와 소전제는 위치에 따라 정해지는 것이 아니라 대개념과 소개념의 포함 여부로 결정된다.

주걸륜의 강연은 처음 시작부터 의미심장했다. 이미 알려진 참인 명제들(전제)인 자신의 성공과 특기를 바탕으로 새로운 명제(결론)인 성공에 있어 학력보다 중요한 것은 특기임을 논리적으로 이끌어 내고 있다.

2.4. 마무리

마무리는 연설문의 내용을 간명하게 요약하고 감정에 호소하는 단계로 청중들의 행동에 영향을 주는데 그 의의가 있다. 주걸륜 강연에서는 단락[23]~[24]가 마무리에 해당한다.

단락[23]

然后，在这边鼓励大家就是，找寻自己的那一点跟大家的不一样，去把它放大。

마지막으로, 여기에서 여러분께 말씀드리고자 하는 것은 그런 남들과는 다른 바로 자신만의 장점을 찾아 펼쳐나가라고 하는 것입니다.

단락[24]

今天的演讲到此结束，谢谢！

오늘 강연은 여기서 마치도록 하겠습니다. 감사합니다!

청중을 감동시키는 파토스(pathos)적 요소들을 이미 강연내용 중간 중간에서 많이 찾아 볼 수 있어서 그런지, 주걸륜 강연의 마무리는 매우 짧고 간결하다. 특히 단락[23]에서는 얼거리의 내용을 다시 정리하여 마무리하는 것으로 짧지만 어느 정도 청중들에게 호소력을 갖고 있다. 하지만 이것만으로 감동의 요소가 끝이라고 하기에는 좀 아쉬운 감이 있다. 그럼 그의 강연에서 파토스(pathos)적 요소는 어느 부분에 있었는가? 그 요소를 찾으려면 먼저 들머리와 얼거리로 거슬러 올라가야 할 것이다. 그는 강연 시작부분에서 이미 관중들에게 큰 박수를 자아냈다. 바로 단락[3]~[4], 그리고 단락[6]이 그 부분이다.

단락[3]

人都要有梦想，其实我跟大家一样啊，我觉得自己就是非常平凡，只是学了点儿音乐而已。学了这些音乐呢，最后能够站在这个舞台演讲，也不容易啊。因为我没有考上大学，但是我却跟你们演讲，你们会不会觉得有点奇怪?
사람은 꿈이 있어야 해요. 저도 여러분처럼 제 자신이 사실 굉장히 평범하다고 생각하고, 단지 음악을 공부했을 뿐인데 이렇게 음악을 공부한 것으로 이런 무대에 서서 강연을 한다는 것도 물론 쉬운 일은 아니네요. 여러분이 보기엔 대학도 안 나온 사람이 여러분 앞에서 강연을 한다는 것이 좀 이상하죠?

단락[4]

方文山也才读过小学而已。不过，他写的东西却能够到教材里面。这时候是不是该来点掌声啊?
방문산 씨도 초등학교 밖에 안 나왔는데, 그 사람이 쓴 작품이 교과서에 실릴 수 있었잖아요. 이 시점에서 박수 좀 나와 줘야하지 않을까요?

단락[4]는 단락[3]을 구체화시키기 위한 예증이다. 주걸륜 본인은 대학을 나오지 않았지만 일류대인 북경대학에서 강연하게 됨을, 그리고 방문산은 초등학교만 나와서 교과서에 나올 정도의 인물이 되었다는 것으로 내용의 앞뒤 대비적인 표현을 사용하였다. 이를 통해 청중들을 감동시켰고, 실제로 동영상에서도 많은 환호와 박수를 받았던 부분으로 청중들에게 공감과 감동을 충분히 일으켰던 하이라이트 부분이라 할 것이다. 단락[6]도 마찬가지이다.

단락[6]

如果我被好好的关在那边，我没有去打球，我现在怎么拍《大篮球》是吧？ 如果那时候没有学琴，我现在怎么拍《不能说的秘密》对吧？ 那时候如果不喜欢看这些武术的电影，我怎么拍《青蜂侠》对吧？

만약 제가 한 쪽에 얌전히 틀어박혀서, 공을 갖고 놀지 않았다면, 제가 지금 어떻게 영화《쿵푸덩크》를 찍을 수 있었을까요? 만약 그 당시 피아노를 배우지 않았다면, 제가 지금 어떻게 영화《말할 수 없는 비밀》을 찍을 수 있었을까요, 그렇죠? 그 당시 만약 그런 무술 영화들을 좋아하지 않았다면, 제가 어떻게 영화《그린 호넷》을 찍을 수 있었을까요, 그렇잖아요?

단락[6]은 '만약에(如果)'라는 조건절에 부정과 뒷부분에 이어지는 설의법을 사용하며 청중들에게 강렬한 인상을 주었던 부분이다. 특히 이 부분 또한 '평범한 것'에서 '성공의 결과물'을 대비적으로 사용하여 감정 호소에 굉장히 효과적인 역할을 해내었다. 그밖에 밝히기 부분에서는 유머로써 청중들의 감성을 자극하여 분위기 전환을 시키기도 했다. 총 다섯 부분으로 그 중 한 가지만 예를 들면 아래와 같다.

단락[10]

我还蚁居在他的录音室，给我衣服穿，给我吃的，并没有给我车子. . (中略)

저는 그의 녹음실에서 신세를 졌어요. 그는 저에게 입을 옷도 주고, 먹을 것도 주었는데, 차는 주지 않더라고요...(중략)

'입을 옷도 주고, 먹을 것도 주었지요(给我衣服穿，给我吃的)'라면서 뭔가 다 제공이 될 듯 했지만, 마지막에 '결코~은 주지 않았어요(并没有给~)'라는 반전을 사용하여 청중들에게 큰 웃음을 자아내었다. 이렇듯 그는 감동과 웃음을 교차시키며, 청중들과 함께 교감을 하였다. 마지막으로, 그의 강연 중 나온 박수의 횟수는 15회로 청중은 강연자에 매료되어 강연내용에 모두 공감하였다는 것을 알 수 있다.

3. 표현

주걸륜의 강연텍스트에서 그는 주로 자신의 성공과정을 작품들을 통해 이야기하면서 그 이야기들 속에서 간접적으로 논거를 제시하였다는 것이 가장 큰 특징이라 할 수 있다. 또한 그런 이야기를 통해 강연에 주로 사용된 수사법으로는 '반복(反復)과 배비(排比)', '설의(設疑)', '점층(漸層)', 그리고 '비유(比喩)'가 있다. 이 수사법을 기준으로 아래 좀 더 자세히 살펴보도록 하겠다.

3.1. 반복(反復)과 배비(排比)

단락[6]

如果我被好好的关在那边，我没有去打球，我现在怎么拍《大篮球》是吧？ 如果那时候没有学琴，我现在怎么拍《不能说的秘密》对吧？ 那时候如果不喜欢看这些武术的电影，我怎么拍 《青蜂侠》对吧?

만약 제가 한 쪽에 얌전히 틀어박혀서, 공을 갖고 놀지 않았다면, 제가 지금 어떻게 영화《쿵푸덩크》를 찍을 수 있었을까요? 만약 그 당시 피아노를 배우지 않았다면, 제가 지금 어떻게 영화《말할 수 없는 비밀》을 찍을 수 있었을까요, 그렇죠? 그 당시 만약 그런 무술 영화들을 좋아하지 않았다면, 제가 어떻게 영화《그린 호넷》을 찍을 수 있었을까요, 그렇잖아요?

상기 예문은 동일한 구조가 세 개 이상 출현하고 있어 전형적인 배비를 보여주고 있다. 또한, '만약(如果)' 단어를 간격을 두고 반복하면서, 세 문장 모두 같은 구조를 보이고 있다. 즉, 부정어 '不'를 조건절에 넣고, 다시 공통적으로 '怎么'를 이용하여 반문의 형태를 취해서, 청자로 하여금 공감과 긍정적인 반응을 유도하고 있다. 이로써 말하는 이의 감정을 강력하게 드러내고 있음을 볼 수 있다.

단락[5]

我觉得厉害的人，我觉得不平凡的人，并不是书要念的多好，我觉得他要有一技之长。

그래서 제 생각에 대단한 사람이나, 제 생각에 비범한 사람이 공부를 잘한 것만은 아니라는 것입니다. 제 생각에 자신이 잘하는 특기가 있어야 한다고 생각합니다.

상기 예문 역시 '제 생각에~(我觉得~)'를 사용하여, 말하는 이의 개인적인 견해를 같은 구조의 문장으로 배비시켜서 보여주고 있다. 문두에 공통적으로 들어간 '我觉得~'로 말하는 이의 자유로운 화법을 느낄 수 있으며, 또한, 문장의 마지막 부분인 '一技之长(장기가 꼭 하나 있어야 한다.)'을 도출해 내기 위해, '긍정 → 부정'을 통해 점진적으로 묘사대상을 부각시키는 역할도 하고 있는데, 이런 대비는 문장의 색체를 좀 더 정확하고, 선명하게 해주는 역할을 해준다. 다음 예시도 보도록 하겠다.

단락[14]

我也很感谢当时没有用我歌曲的那些歌手。

저도 그 당시에 제 노래를 쓰지 않은 가수들에게 감사해하고 있습니다.

단락[15]

可以感谢我的外婆。

외할머니께 감사의 뜻을 전할 수 있게 되었다.

단락[18]

然后拍了《黄金甲》之后呢，也感谢这个张艺谋导演。

그런 다음, 영화《황후花》를 찍고 나서, 장예모 감독한테 감사했어요.

상기 예문은 세 단락에서 단락별로 한 부분씩 들어가는 문장이 간격반복을 한 것이다. 눈여겨 보여야 할 것은 '감사(感谢)'가 단락 별로 세 번 반복되고 있지만, '感谢'해야 할 대상들은 모두 다르다는 것이다. 우선, 첫 번째 '感谢'의 대상은 주걸륜이 무명 당시 썼던 노래를 사용하지 않은 그 때 그 시절 가수들에게 반어적으로 쓴 표현으로, 그 때는 그를 무시하던 그들이었지만 지금은 본인보다 못하다는 것을 풍자하면서 재치 있고 유머러스하게 풀어서 청자들에게 공감을 주었다. 두 번째 '感谢'의 대상은 내부적 인물로서 그를 성장하게 했던 외할머니이다. 주걸륜은 앨범을 여러 장 내고 시상식에 가면서, 내심 기대에 들떠 외할머니를 모시고 가게 된다. 그러나 그토록 기대했던 상을 타지 못하면서, 큰 실망과 함께 성공을 해서 외할머니에게 보여줘야겠다는 목적의식을 갖게 된다. 이로써 외할머니가 그의 성공에 내부적 요인으로 자리 잡게 된다. 세 번째 '感谢'의 대상은 외부적인 인물로서 그에게 '中國風'이라는 자신만의 스타일을 갖도록 해준 장예모감독이다. 그는 장예모 감독의 영화《황후花-黃金甲》(2008)를 찍고, 장 감독으로부터, 엔딩 크레디트로 이 영화와 어울리는 중국적인 스타일의 노래를 의뢰받는다. 이것으로 어린 친구들부터, 나이가 많은 어르신들까지 팬 층이 다양하게 되어 지금의 주걸륜을 만들었다고 서술하였다.

3.2. 설의(設疑)

중국수사법에서는 '설문(設問)'이라고 하는데,《漢語修辭格大辭典》에서는 '고의로 의심스럽지 않은 질문을 하고 스스로 대답하거나 혹은 고의적으로 질문을 하고 대답을 하지 않음으로써 상대방 혹은 독자로 하여금 생각하여 이해하게 한다.'고 정의하고 있다. 즉, 문답형식을 이용하여 설명하거나 감정적 표현을 하는 것으로, 두 가지 타입으로 나누어진다. 첫째,

'提問'은 '설명을 목적으로 의문형을 사용하는 것'이고, 두 번째 '激問'은 '감탄의 효과를 주기 위해 의문형을 이용하는 것'으로 이때의 의문형은 단지 수사적 효과만을 나타내며 대답을 요구하지 않는다.

주걸륜 강연에서도 이러한 수사법의 표현 방법인 '設問'형식을 종종 볼 수 있다. 그는 이런 표현법을 적시적기에 사용하여, 청중의 주의를 끌었고, 청중과 함께 공감대를 형성하는데, 큰 효과를 보았다. 강연텍스트를 분석해보면, 그가 사용한 설의법은 총 열 여덟 번으로, 그 중 몇 가지를 선택하여 살펴보도록 하겠다. 앞서 설문에 대한 정의에서 설명을 목적으로 한 '提問'과 감탄의 효과를 위한 '激問'으로 나누어 설명한 바 있다.

단락[8]

这代表说我是一个很怎么样的人?

이것으로 제가 어떤 사람인지 드러나지요?

단락[15]

有一次带了外婆去参加颁奖典礼，我觉得至少一项，上台可以讲话吧，对不对？

한번은 외할머니를 모시고 시상식에 참석을 했어요. 제 생각엔 적어도 상하나 정도는 받아 무대에 올라가서 말 할 수 있을 거라고 생각 했어요. 그렇잖아요?

상기 예문은 모두 '設問'형식에서의 설명을 목적으로 한 '提問'으로 간주하여 선택해 보았다. 첫 번째 예시에서 '이것으로 제가 어떤 사람인지 드러나지요? (这代表说我是一个很怎么样的人?)'는 앞에 자신의 특징을 청자에게 설명하기 위해 일화를 들었고, 이 이야기의 종결로 설의법을 사용하여 자신의 특징을 알렸다. 일화를 들어 분산되었던 화자의 관심을 끄는 역할을 효과적으로 하였다. 두 번째 예시에서는 또 다른 일화를 제시하며, 문두에 사용한 설의법이다. 또 다른 화제에 대해 청자들에게 공감을 얻고자, '~하죠, 맞죠?(~吧，对不对?)'를 사용하여 관심을 집중시키고, 새로운 내용을 열고자, 즉, 구체적으로 또 다른 이야기를 설명하기 위해 사용한 '提問'의 설의법이다.

단락[6]

如果我被好好的关在那边，我没有去打球，我现在怎么拍《大篮球》是吧？ 如果那时候没有学琴，我现在怎么拍《不能说的秘密》对吧？ 那时候如果不喜欢看这些武术的电影，我怎么拍 《青蜂侠》对吧?

만약 제가 한 쪽에 얌전히 틀어박혀서, 공을 갖고 놀지 않았다면, 제가 지금 어떻게 영화《쿵푸덩크》를 찍을 수 있었을까요? 만약 그 당시 피아노를 배우지 않았다면, 제가 지금 어떻게 영화《말할 수 없는 비밀》을 찍을 수 있었을까요, 그렇죠? 그 당시 만약 그런 무술 영화들을 좋아하지 않았다면, 제가 어떻게 영화《그린 호넷》을 찍을 수 있었을까요, 그렇잖아요?

단락[8]

这时候应该要来点掌声，是吧?

이 시점에서 박수 좀 나와 줘야하지 않나요?

단락[22]

拍出来，大家是不是吓一跳了，是不是了？

영화 나오고 나서, 모두들 깜짝 놀라셨죠? 그렇지 않아요?

상기 예시는 모두 감탄의 효과를 위한 '激問'의 형식으로 보았다. 먼저, 그 형식을 보면, 문미에 '是吧?, 对吧?, 是不是了?'를 사용한 의문문의 형식이지만, 답이 뻔하고, 굳이 청자의 대답을 요구하지도 않는다. 또한, 청자들도 그의 이런 의문의 형식에서 '是!'나 '对!' 등의 대답이 아닌 박수로써 대답을 대신 해주었다. 이런 설의법은 상대방의 주의를 끌어 감정에 호소하고 판단을 촉구하는데 효과적일 뿐만 아니라, 화자의 의도를 정감 있게 표현하는데 효과적이며 형식은 의문문이지만 답이 뻔한 '감탄문'에 가깝다고 볼 수 있다.

3.3. 점층(漸層)

점층이란 수사법 중 강조법의 하나로, 말하고자 하는 내용의 비중이나 강도를 점차 높이거나 넓혀 그 뜻을 강조하는 표현기법이다. 작고 약하고 좁은 것에서 크고 강하고 넓은 것으로 표현을 확대해가는 것을 말하는데, 이런 점층법 또한 독자를 설득하거나 감동을 주는 데 효과적으로 작용되는 수사법이다. 주걸륜 강연 텍스트에서는 이런 점층법이 어떻게 표현되고, 어떤 효과를 주었는지 아래 예시를 통해서 살펴보도록 하겠다.

단락[19]

我拍了第一支MV之后，拍了第二支MV，拍了十支MV，拍了二十支MV，现在累计，我觉得应该有七八十支MV了。

저의 첫 번째 뮤직비디오를 찍고 나서, 두 번째를 찍고, 이렇게 열 번째, 스무 번째 뮤직비디오를 찍었는데요. 지금까지 찍은 것이 아마 70~80편은 될 거예요.

이 문장에서는 주걸륜의 일화에서 그가 뮤직비디오(MV)를 찍기 시작했던 노력의 과정을 설명하기 위해 위와 같은 점층법을 사용하였다. 상기 문장에는 나오지 않지만 이 문장 앞에 나오는 내용으로, MV의 처음 시작은 후배들을 실험용 쥐로 이용하여 찍어보았는데, 효과가 괜찮게 나와 자신이 직접 첫 MV를 찍기 시작하였다는 내용이다. 그 과정을 '第一支MV(첫 번째 MV)'부터 시작하여, '第二支MV(두 번째 MV)→ 十支MV(열 번째 MV) → 二十支MV(열두 번째 MV) → 七八十支MV(칠, 팔십 번째 MV)'까지 굉장히 많은 수량의 MV를 찍었다는 것을 보여주고 있다. 그만큼 경험과 경력을 쌓아왔다 라는 것 그리고 '영화감독'이라는 목표를 향해 달렸다는 것을 기본 바탕으로 설명하였다.

단락[18]

很多差不多我蛮常遇到四五十岁，五六十岁，还有一些老奶奶说~（中略）

거의 사오십 대, 오육십 대 혹은 더 나이 드신 할머니들까지도~(중략)

이 문장에서도 점층법을 볼 수 있다. 나이 어린 사람뿐만 아니라, 나이가 많은 사람까지 주걸륜의 팬 층이 굉장히 두텁다는 것을 설명하면서, 다양한 연령층을 설명하기 위해 '45세(四五十岁)→ 50, 60세(五六十岁) → 더 나이 드신 할머니(还有一些老奶奶)'와 같이 말하며, 점층적인 수(數)의 증가로 점층적 수사법을 잘 표현 하고 있다. 지금까지 수량적인 점층법을 예로 들었다.

단락[12]

反正你唱的也不清楚，反正他也不知道你唱什么。

어쨌든 네 노래도 분명하지 않잖아, 어찌되었거나 그도 네가 무엇을 부르는지 모를 거야.

단락[21]

我就想说，有一天一定要写歌给他。果然，张学友唱了我的歌曲，而且还跟他一起同台表演。

어느 날 그에게 반드시 곡을 써줘야지 했었어요. 결국엔 장학우가 저의 노래를 불렀고, 게다가 그와 함께 같은 무대에서 공연까지 하게 되었어요.

단락[12]에서는 앞뒤 구조는 같이하여 리듬감도 살리면서, '당신(你)'과 '그(他)'라는 인칭의 변화로써 의미를 점층적으로 사용한 예이다. 단락[21]에서는 'A, 게다가 B(A,而且(还)B)'의 접속사를 통하여 점층적인 표현을 하였고, 이로써 의미를 더욱 심화시켜 주었다.

3.4. 비유(比喩)

주걸륜 강연에서는 두 군데에서 비유를 볼 수 있다. 다음 예시를 보도록 하자.

단락[13]

这个师姐当时是女神呢。

이 선배는 그때 당시 여신이었어요.

단락[19]

先拍了第一支MV。但是，是拿我的师弟当做白老鼠，来试验一下。

첫 번째 뮤직비디오를 찍었는데, 먼저 제 후배를 실험용 쥐로 삼아 실험을 해보았습니다.

상기 예시는 모두 비유체를 통하여 상징적인 요소를 보여주고 있다. 첫 번째 예시는 '여신(女神)'이라는 비유체를 사용하여 아름답고 이상적인 여성을 상장해 주기 위해 사용한 비유법이다. 두 번째 예시도 실험용 쥐를 상징하는 '흰색 쥐(白老鼠)'라는 비유체를 사용하여 주걸륜 자신이 뮤직비디오를 찍기 위해, 후배들을 이용했다는 것을 비유를 통해 유머러스하게 표현하고 있다.

4. 암기

주걸륜의 강연에서는 강연 원고나 메모 등을 따로 준비하여 발표 할 때 그 원고를 참고해가며 강연을 한 것이 아니다. 아무런 원고 없이 먼저, 논거를 제시하고, 논증으로 자신의 이야기들을 학창시절부터 무명의 작곡 시절, 데뷔시절 등 일련의 시간 순으로 그 내용을 배열하고, 다시 그의 히트곡들이 나온 일화들을 하나씩 엮어서 전체의 성공기로 완성시켜 나갔다. 본인의 이런 실제 겪었던 경험들을 머릿속에 순서대로 배열을 하고 있기 때문에, 강연 중간에 내용을 잊어버려 잠시 쉰다거나, 말거리를 찾기 위해 생각하는 등의 그런 불필요한 휴지(休止)는 없었다. 원고 없이도 여러 일화들이 자연스럽게 표현이 되어, 마치 옆에서 친구와 수다를 즐기는 것과 같은 느낌으로 청자들에게 더욱 친근감을 불러일으켰다.

5. 발표

발표는 착상, 배열, 표현, 기억에 이어 나오는 마지막 과정으로서, 텍스트를 목소리, 표정, 몸짓으로 구현하는 '연설가의 실천'이다.

5.1. 언어적 요소

먼저 주걸륜이 사용한 언어는 중국어의 표준어인 '普通話(보통화)'이다. 말하기 속도는 예전에 그가 부르는 빠른 랩의 이미지와는 다른, 또한 영화에서 보여주었던 다소 빠른 말 속도와는 다른 이미지로, 비교적 연설에 맞는 적절한 말하기 속도를 선택하였다. 또한 차분하고 조리 있게 이야기를 이어가면서 청중들에게 호감을 주었다. 더욱이 그의 어투는 일상적으로 친구와 말하는 것 같은 어투로 마치 옆에서 나에게 직접 말하고 있는 듯한 친근함까지도 느낄 수 있었다. 하지만, 밝히기 부분에서는 말하기 속도가 다소 빨라지고, 본래 주걸륜만의 '웅얼웅얼'하는듯한 말하기 습관도 나오기도 하였다. 물론 이것은 발음이 불분명하다는 단점이기도 하겠지만, 그 사람만의 개성이 될 수 있는 장점의 요소이기도 하다. 왜냐하면, 주걸륜의 말투만 들더라도 그가 하는 말인지 누구나 잘 알 수 있는 개성 있는 말투이기 때문이다. 강연에서의 말하기 톤은 전반적으로 저음이었지만, 묵직하거나 중후한 그런 무거운 느낌의 톤이 아니어서 오히려 안정감을 느낄 수 있었다. 자신의 일화에서 다른 사람과의 대화 내용을 인용할 때는 직접화법을 사용하였는데, 현장감 있는 표정으로 목소리 톤을 달리하여 연기자다운 면모까지도 잘 보여주었다. 특히 감동의 요소를 전달할 때는 사람들에게 직접적으로 박수를 요구하며, 청중과 함께 공감하고 소통하고자 하였다. 강조를 요하는 부분에서는 다소 느린 속도로 중국의 전통 수사법인 배비와 반복, 대비 등을 적절히 사용하여 연설의 효과를 높여주었다. 또한 새로운 화제로 들어가기 전에는 잠시 휴지를 두고 박수로써 주위를 환기시키고 연설을 재정비하는 모습 등의 노련함도 보여주었다. 주걸륜은 청중과 더욱 가까워지기 위해, 본인에 대한 이야기를 하는 도중 '나(我)'에서 '너(你)'라는 인칭대명사의 변화를 주었는데, 이것은 청중과 같은 시점에서 자신을 되돌아보는 수법으로 적시적기에 잘 사용해 주었다. 목소리나 음색이 풍부하고 휴지가 정상일 경우, 말하는 사람의 신뢰감도 상대적으로 높아지는데, 이러한 언어적 요소는 비언어적 요소와 함께 어우러져 그 효과를 배로 높여줄 수 있다.

5.2. 비언어적 요소

사회자의 소개와 함께 경쾌한 음악이 흐르며, 관중석에 있는 북경대생들이 모두 기립박수로써 그의 등장을 환영해 주는 동안, 주걸륜이 연단에 오르기까지는 약 20초의 시간이 소요된다. 먼저 그는 관중들과 아이컨택을 시도하며, '북경대학교 학생 여러분(各位北大同学们)'을 외친 후, 잠시 여운을 두었다가, 힘차게 '안녕하세요(你们好吗)?'를 외쳤지만, 이내 다소 수줍은 듯 미소 지으며 시선을 잠시 피하다가, 다시 청중으로 돌아온다. 이런 일련의 모습으로 그의 긴장된 심리를 엿볼 수 있는데, 이것은 다른 평범한 사람이 남들 앞에 서면 그러하듯, 그에게서도 그런 평범한 인간미가 있었던 것이다.

이 강연의 비언어적 요소로 첫 번째 특징은 주걸륜의 복장이다. 그는 평상시 악세서리 등 과장된 모습으로 대중 앞에 잘 나오지만, 이 북경대 강연에서는 사천성(四川省) 지진피해로 인한 사회적 분위기와 강연이라는 다소 진지한 분위기를 인식해서인지 평소 때와 다른 소박함을 보여주었다. 상, 하의 모두 검은 색의 깔끔한 복장으로 차분한 느낌까지 연출해 주었다. 이런 검은 색의 연출은 청중들에게 말이 아닌 비언어적인 요소로써 신뢰감과 안정감을 주기도 한다. 두 번째 특징으로 그의 제스처를 살펴보도록 하겠다. 그는 강연 내내 마이크를 양손으로 바꾸어 들며, 마이크를 들지 않은 다른 한 손은 자신의 몸을 감싸거나, 허리를 짚거나, 혹은 강조의 부분에서는 손바닥을 올린다거나, 가정이나 전제로 말하는 부분에서는 다섯 손가락을 모두 펴서 다운시키는 등 다른 경직된 연설과는 다르게 굉장히 자유롭고 다양한 제스처를 보여주었다. 그리고 손만이 자유로운 것은 아니었다. 그의 몸도 강연 내내 제자리에서 좌우로 흔들거린다거나, 내용을 조금 더 구체화시킬 때는 작은 보폭으로 반발자국 정도 앞으로 나오는 등 자유로움을 보여주었다. 세 번째 그의 표정을 살펴보면, 전반적으로 무던한 표정에서 어두운 내용일 때는 고개를 살짝 아래로 향하며 찡그리기도 하였다. 또한 자신의 유머에 청중들이 웃을 때는 함께 웃어주기도 하며, 남의 대화를 인용하여 직접화법으로 표현할 때는 딴 사람의 표정으로도 잠시 변화가 되는 등 변화의 폭이 크지는 않았다. 그러나 어느 정도 내용과 상황에 맞추어 표정에 변화를 두어 강연의 단조로움을 피했다. 네 번째, 음향효과를 살펴보면 그의 강연에서 사용한 각각의 일화들은 '사건-과정-결과'의 패턴 진행으로, 결과물은 그의 인기 곡이였다. 그러다보니 강연 중간 중간에 그 일화와 연관된 배경음악을 넣어 강연의 효과를 더욱 극대화시켰다.

연설문 출처

텍스트 - https://wenku.baidu.com/view/f34d4fdc4431b90d6d85c720.html?from=search

동영상 – https://www.youtube.com/watch?v=D3TiMk4PZWA

V
부록

참고문헌

김욱동(2002)『수사학이란 무엇인가』 민음사

나민구(2006)『중국수사학』 한성문화

나민구·김혜원 역, Karl S. Y. Kao 저 (2003)「Rhetoric 수사학」,『中國語文論譯叢刊』 5

나민구·최형권(2014)「시진핑(習近平) 연설 텍스트의 수사학적 분석」,『中國研究』 60

나민구·배경진(2015)「주걸륜(周傑倫)의 "你可以不平凡" 강연 텍스트의 수사학적 분석」,『中國文化研究』 28

나민구·이수빈(2017)「샤오미(小米)창업자 레이쥔(雷軍)의 강연텍스트 "你的夢想是什么呢?"수사학적 분석」,『中國研究』 70

나민구·이지은(2014)「중국 지도자 연설 텍스트의 수사학적 분석 -후진타오(胡錦濤) 2013년 신년 연설을 중심으로」,『中國學報』 70

나민구·고은미(2017)「마윈의 "CEO 퇴임 연설" 텍스트의 수사학적 분석」,『수사학』 29

박성철(2004)「외교텍스트의 수사학적 분석 -연설유형론과 착상영역을 중심으로-」,『독일문학』 89

박성희·이자원·석지윤(2013)「수사적 상황과 역할에 따른 대통령 수사학 장르

분석 : 박정희 전 대통령과 박근혜 대통령의 방미연설을 중심으로」, 『수사학』 19

백미숙(2002) 「연설문의 들머리와 마무리 구조 분석」, 『독어학』 5

양태종(2002) 『수사학이야기』 동아대학교 출판부

_____(2009) 『수사학이 있다 –수사학의 이해』 유로

이범수·김민영(2006) 「연설텍스트의 수사적 체계 분석:노무현 대통령 취임사를 중심으로」, 『수사학』 4

이재원(2013) 「박근혜 대통령 취임사의 수사학적 분석-키케로의 『생각의 수사학』을 중심으로」, 『텍스트언어학』 35

조미옥(2016) 『영화 속 법정연설에 대한 수사학적 분석』, 한국외국어대학교 박사학위논문

H.F.Plett 저, 양태종 역(2002) 『수사학과 텍스트 분석』 동인

Olivier Bailble·정원대(2015) 「중국 강연 텍스트에 대한 수사학적 분석」, 『中國學硏究』 71

색인

ㄷ

ㄹ

ㅁ

ㅂ

ㅈ

ㅊ

ㅋ

ㅌ

ㅍ

ㅎ

중국어

중국어 레토릭

초판 인쇄 2017년 8월 13일
초판 발행 2017년 8월 21일

지은이 나민구
발행인 김인철
총괄 · 기획 가정준 Director, University Knowledge Press
편집장 신선호 Executive Knowledge Contents Creator
도서편집 김민정 Contents Creator
전자책편집 이리나 e-Contents Creator
재무관리 김은혜 Managing Creator
마케팅 파트장 백승이 Chief Marketing Creator
마케팅 박종원 Marketing Creator
발행처 한국외국어대학교 지식출판원
02450 서울특별시 동대문구 이문로 107
전화 02)2173-2493~7
팩스 02)2173-3363
홈페이지 http://press.hufs.ac.kr
전자우편 press@hufs.ac.kr
출판등록 제6-6호(1969. 4. 30)
디자인 · 편집 (주)이환디앤비 02)2254-4301
인쇄 · 제본 상지사피앤비 031)955-3636

ISBN 979-11-5901-218-1 03300 정가 18,000원

*잘못된 책은 교환하여 드립니다.

HUEBOOKS는 한국외국어대학교 지식출판원의 인문학도서 Sub Brand이다. 한국외대의 영문 명인 HUFS, 사람을 위하는 Humanism, 교육의 Education, 색조의 Hue의 다의적인 뜻으로 해석할 수 있으며, 인문학도서 출판에 대한 의지가 담겨있다.